大宗商品特色课程系列教材编写委员会

顾　　　　问　　王德禄
编 委 会 主 任　　孙惠敏
编委会副主任　　李　羽　蒋天颖　刘　莉
编 委 会 成 员　　（按姓氏笔画排序）
　　　　　　　　　王丹华　王长松　王　瑞　王启强
　　　　　　　　　孙　晋　纪鸿聪　励国荣　陈执强
　　　　　　　　　武文生　赵迎军　袁　炯

大宗商品特色课程系列

Integrated Experiment in
Commodity Logistics

大宗商品物流综合实验

王雪姣　杭州高达软件系统股份有限公司 / 主　编

张治学　赵　宁　林雨露 / 副主编

ZHEJIANG UNIVERSITY PRESS
浙江大学出版社

图书在版编目（CIP）数据

大宗商品物流综合实验 / 王雪姣,杭州高达软件系统股份有限公司主编 . —杭州：浙江大学出版社，2017.12（2024.1重印）

ISBN 978-7-308-17561-6

Ⅰ.①大… Ⅱ.①王…②杭… Ⅲ.①物流—物资管理—实验 Ⅳ.①F252-33

中国版本图书馆CIP数据核字 (2017) 第260500号

大宗商品物流综合实验

王雪姣　杭州高达软件系统股份有限公司　主编

丛书策划	朱　玲
责任编辑	曾　熙
责任校对	杨利军　张培洁
封面设计	春天书装
出版发行	浙江大学出版社
	（杭州市天目山路148号　邮政编码310007）
	（网址: http://www.zjupress.com）
排　　版	杭州林智广告有限公司
印　　刷	广东虎彩云印刷有限公司绍兴分公司
开　　本	787mm×1092mm　1/16
印　　张	12.5
字　　数	290千
版 印 次	2017年12月第1版　2024年1月第2次印刷
书　　号	ISBN 978-7-308-17561-6
定　　价	32.00元

序

在很多不同的场合，我都指出，20世纪90年代，是民营企业崛起的十年；21世纪的头十年，是"中国制造"崛起的十年；而接下来的十年，则将是大宗商品唱主角的十年。大宗商品将会是中国和西方国家竞争最激烈的领域，因为谁把握住了大宗商品的主导权，谁就把握住了未来十年经济的主导权。

党的二十大报告指出："坚持社会主义市场经济改革方向，坚持高水平对外开放，加快构建以国内大循环为主体、国内国际双循环相互促进的新发展格局。"[①]在"中国制造"崛起的十年中，中国成为世界上规模最大、品种最全的制造业中心。为了满足迅速发展的制造业对各种原材料的需求，中国对大宗商品原材料的进口及消费不断增加，成为全球最大的大宗商品消费国，已经有20多个大宗商品品种等消费量居全球第一，而且一些重要的大宗商品，如石油、煤炭、铁矿石、铜、镍、大豆等商品先从净出口后转为净进口。这个拐点正是大宗商品的"中国时刻"。

然而，中国巨大的需求量并没有带来相应的话语权与定价权，在大宗商品全球产业链的分工中，中国长期扮演着加工者的角色，在价格方面被欧美国家所绑架。在大宗商品唱主角的十年，中国需求怎么能参与全球定价机制，如何才能形成价格话语权，是目前要回答的一个重要问题。

实际上，中国要想谋求大宗商品定价的话语权，涉及从宏观到微观、从政府到企业、从体制到观念的各个层面，需要我们反思并且持续进行改革与创新。那在这期间中国大宗商品领域会出现哪些业态的变化呢?大宗商品贸易、生产等产业链环节与物流、金融等相关服务业将融合创新发展，中国很多大宗商品的贸易商将成为运营商，会出现若干个大宗商品领域的金融创新，会出现很多针对大宗商品配置领域的不同环节的产业集聚。而在这个过程中，一定要有人才，一方面要吸引国际性的大宗商品人才回

---

① 习近平. 高举中国特色社会主义伟大旗帜 为全面建设社会主义现代化国家而团结奋斗: 在中国共产党第二十次全国代表大会上的报告[N]. 人民日报，2022-10-26(01).

归中国；另一方面，要自己着力培养一批人才，我们要出顶级的大宗商品分析师、操盘手，站在全球视野把握市场，并运筹帷幄。

宁波大红鹰学院的大宗商品特色课程系列教材，是国内首套大宗商品专业教育教材，该系列的著者有学校的专业教师，有行业的优秀实践者，他们对大宗商品相关领域的发展做了长期的研究和探索，教材内容突出了"教学育人"与"学以致用"，十分可贵。从"中国制造"到大宗商品，我国在世界经济中的角色正在经历着一次深刻的转型，从原来的被动加工者转型为世界资源的主动调配者。大宗商品特色课程系列教材的出版，可谓恰逢其时，正当其用，尤其适用大宗商品相关领域的新任职人员和学生。

北京市长城企业战略研究所所长

王德禄

2023 年 12 月

前　言

大宗商品是处于非零售环节、可以进入流通领域、具有商品属性、用于工农业生产与消费的大批量商品,不同于一般商品,其交易市场主要集中在原料消费和生产地,这些交易市场是以重要商品和大宗物资所在地区中心城市的集散地、交通枢纽或物流节点为依托产生和逐步发展起来的。可见,大宗商品物流需要依托特定区域大宗商品的属性,经过加工、包装、存储、运输和配送等各个物流环节,最终发展成适用于这一特殊商品属性的物流方式。

而目前简单的物流形式已经很难满足经济发展对于大宗商品物流高效、低成本和"绿色环保"的要求。因此,大宗商品物流在其属地受限等特性的制约下,需要依托现在较为发达的信息管理技术,应用供应链管理方式,以满足经济和时代发展的需求。毕竟,作为物流管理发展高级阶段的供应链管理,不能局限于只单纯考虑自身物流资源调配,而应全面协调上下游关系,整合在时间或空间上较为分散的市场和流通活动,从而促使大宗商品流通过程中的各个环节高效地运转起来。

大宗商品物流综合实验基于以上理念构建了三大内容模块:大宗商品供应链商贸物流管理系统、大宗商品供应链仓储物流管理系统和大宗商品供应链金融管理系统。本教材注重大宗商品物流理论知识的实践应用,依托当前大宗商品物流企业中正在广泛使用的信息化管理平台,通过实训项目增强学生的实践应用能力,使学生掌握当前大宗商品物流企业中广泛使用的管理方法和供应链金融的交易模式,增强学生的专业实践能力。为学生以后从事大宗商品交易、物流和金融等交叉服务领域打下业务基础。

本教材实验教程主要依托高达供应链管理集成平台(GoldenBDP)。高达供应链管理集成平台(GoldenBDP)是由杭州高达软件系统股份有限公司开发的面向大宗商品行业的全链条供应链管理平台。平台从企业战略出发,旨在促进企业的集团化管理,搜集企业最核心的数据,完善管理架构,帮助企业提高对经营制度及政策的执行力,对企业内、外信息资源进行统一规划、管控与应用,辅助企业进行决策,实现"集中式管控、精细化管理"的企业管理目标和管理思路,为企业最高管理层打造战略级信息系统,为企业中层管理者构建战术级信息系统,为基层业务人员搭建事务级信息系统。该平台有助于规范企业统一的业务流程,将企业从"计算机时代"引领到"信息时代",真正实现企业的专业化经营、一体化运作、一站式服务和集团化管控!

本教材作为一本实验类教材,可供大宗商品相关专业的教师及学生参考使用。受经验、理论及时间所限,本书定会存在不妥之处,恳请各位读者批评指正。

编　者
2017 年 9 月

目 录

CONTENTS

第一章　系统概述

第一节　系统简介

高达供应链接管理集成平台是一款在供应链物流、仓储、金融环境下的集成管理平台，主要为钢铁、煤炭、矿石、化工等生产资料高端企业提供集成式信息化管理解决方案和服务。

该平台主要包含 3 个系统：大宗商品供应链商贸物流管理系统、大宗商品供应链仓储物流管理系统和大宗商品供应链金融管理系统。

大宗商品供应链商贸物流管理系统主要包含：采购业务、现货销售业务、直发销售业务、临调销售业务、集团销售业务等；大宗商品供应链仓储物流管理系统主要包含：入库管理业务、出库管理业务、库存管理业务、财务管理业务等；大宗商品供应链金融管理系统主要包含：仓单融资动态质押、仓单融资静态质押（融通仓）、订单融资（保兑仓）、应收账款融资等。

该系统具有高度灵活的扩展性，可以将不同角色的信息流向用户完整展示，专业、直观，可辅助教师讲解大宗商品物流在供应链环境下所担当角色的相关专业知识和理论，学生可以模拟操作供应链环节中不同系统、不同角色的运作过程，让学生更好地掌握大宗商品物流供应链业务的核心思想，帮助其理解课堂知识，掌握实践技能，以便在学习和实践中逐步建立基于应用性研究的学习模式，进而提高其发现问题、分析问题以及解决问题的实际应用能力。

第二节　实验任务、课时安排及规划

一、实训任务及课时安排

实训任务及课时安排如表 1-1 所示。

表 1-1　实训任务及课时安排

序号	实训名称		实训课时
1	软件模块功能认知实训	任务：实验平台基础设置	1～2
2	大宗商品供应链商贸物流管理系统实训	任务1：大宗商品供应链采购业务	1～2
3		任务2：大宗商品供应链现货销售业务	1～2
4		任务3：大宗商品供应链直发销售业务	1～2
5		任务4：大宗商品供应链临调销售业务	1～2
6		任务5：大宗商品供应链集团销售业务	1～2
7	大宗商品供应链仓储物流管理系统实训	任务1：大宗商品供应链入库管理业务	1～2
8		任务2：大宗商品供应链出库管理业务	1～2
9		任务3：大宗商品供应链库存管理业务	1～2
10	大宗商品供应链金融管理系统实训	任务1：大宗商品供应链仓单融资动态质押	1～2
11		任务2：大宗商品供应链仓单融资静态质押(融通仓)	1～2
12		任务3：大宗商品供应链订单融资(保兑仓)	1～2
13		任务4：大宗商品供应链应收账款融资	1～2
14	大宗商品供应链商贸物流管理系统综合实训		3～6
15	大宗商品供应链仓储物流管理系统综合实训		3～6
16	大宗商品供应链金融管理系统综合实训		3～6
合计			22～44

二、软件操作实训规划

　　该软件操作实训主要针对商贸物流管理系统、仓储物流管理系统、供应链金融管理系统三大模块，引领学生深入学习、理解大宗商品物流的处理方式。教师可参照实验步骤和安排，组织指导学生进行各个实验任务的模拟操作。

　　大宗商品供应链商贸物流管理系统实训：依据真实存在的公司之间的业务往来，从大宗商品供应链采购业务、现货销售业务、直发销售业务、临调销售业务以及集团销售业务五大业务来加深学生对现实大宗商品买卖的了解。

　　大宗商品供应链仓储物流管理系统实训：依据真实存在的公司之间的业务往来，从大宗商品供应链入库管理业务、出库管理业务、库存管理业务等方面增强对大宗商品仓储过程中的业务理解。

　　大宗商品供应链金融管理系统实训：依据真实存在的公司之间的业务往来，从大宗商品供应链仓单融资动态质押、仓单融资静态质押（融通仓）、订单融资（保兑仓）以及应收账款融资这四大供应链金融服务模式加深学生对大宗商品供应链金融管理系统的理解。

三、实训项目及任务

（一）软件模块功能认知实训

任务：实验平台基础设置

仓库物资信息设置	客户档案信息设置	财务资金信息设置	费用设置

（二）大宗商品供应链商贸物流管理系统实训

任务 1：采购业务实训任务

采购计划登记	采购合同登记	采购发货登记	采购装运登记	入库通知登记	付款申请登记	付款登记	采购发票登记

任务 2：现货销售业务实训任务

销售合同登记	现货提单登记	销售实提登记	销售补差登记	销售退货登记	销售退货验收	收款登记	开票通知登记

任务 3：直发销售业务实训任务

采购合同登记	销售合同登记	直发销售提单登记	直发实提登记	收款登记	开票通知登记
付款申请登记	付款登记	采购发票登记			

任务 4：临调销售业务实训任务

销售合同登记	临调提单登记	临调实提登记	收款登记	开票通知登记	付款申请登记
付款登记	采购发票登记				

任务 5：集团销售业务实训任务

添加机构	角色授权	入库通知登记	付款申请登记	付款登记	采购发票登记
内部销售登记	内部采购登记	内部结算	收款登记	开票通知登记	

（三）大宗商品供应链仓储物流管理系统实训

任务 1：入库管理业务实训任务

仓储合同	预报登记	收货登记	入库登记	收款单登记	费用发票登记

任务 2：出库管理业务实训任务

入库登记	发货登记	出库实提登记	收货登记	以发待验登记	以发待验实提
道线直出登记	道线直出实提	出门证登记	收款单登记	费用发票登记	

任务 3：库存管理业务实训任务

入库登记	过户登记	加工任务登记	加工验收登记	发货登记	出库实提登记
物资调整登记	库位调整登记	物资损益登记	物资翻包登记	收款单登记	费用发票登记

（四）大宗商品供应链金融管理系统实训

任务 1：仓单融资动态质押实训任务

系统设置（监管方）	入库通知（融资方）	仓库验收登记（监管方）	融资申请登记（融资方）	融资仓库审核（监管方）	融资银行审核	融资补款登记（融资方）
补款仓库审核（监管方）	补款银行审核	融资还款登记	还款仓库审核（监管方）	还款银行审核	仓库出库登记（监管方）	

任务 2：仓单融资静态质押（融通仓）实训任务

银行授信登记	入库通知登记（融资方）	仓库验收登记（监管方）	融资申请登记（融资方）	融资仓库审核（监管方）	融资补款登记（融资方）	补款仓库审核（监管方）
补款仓库审核	融资逾期登记（监管方）	融资过户登记（监管方）	仓库出库登记（监管方）			

任务 3：订单融资（保兑仓）实训任务

采购合同登记（融资方）	融资申请登记（融资方）	融资仓库审核（监管方）	融资银行审核	入库通知登记（融资方）	入库验收登记（监管方）
融资逾期登记（银行）	融资过户登记（监管方）	仓库出库登记（监管方）			

任务 4：应收账款融资实训任务

销售合同登记（融资方）	销售发票登记（融资方）	融资申请登记（融资方）	融资仓库审核（下游客户）	融资银行审核	融资还款登记（监管方）
还款银行审核					

第三节 系统登录与用户操作

打开软件,进入系统模块选择界面,如图1-1和图1-2所示。

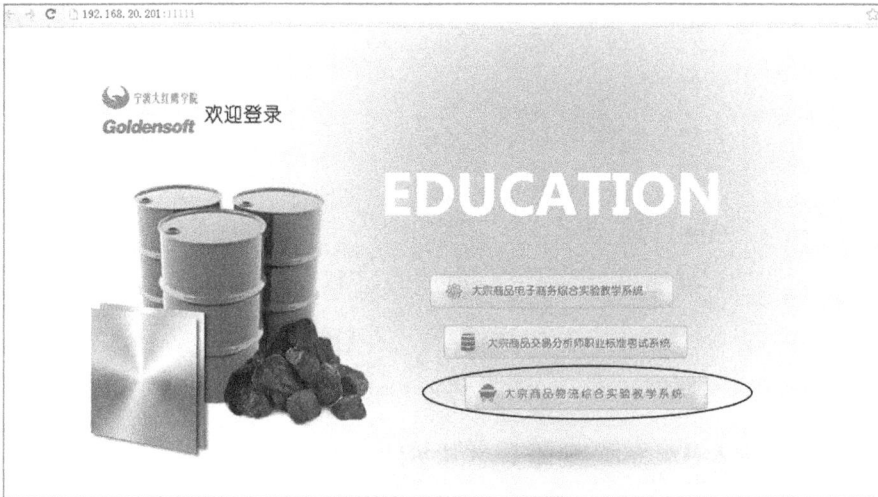

图1-1 模块选择界面

图1-2 软件登录界面

注册学生信息。点击"注册"按钮,输入用户名(学生学号)、登录密码、姓名、性别、班级、联系电话、电子邮箱、QQ 等,如图 1-3 所示。

图 1-3　学生注册界面

注册完成后,进入系统界面,如图 1-4 所示。

图 1-4　大宗商品供应链管理平台界面

第二章 软件模块功能认知实训

第一节 大宗商品供应链商贸物流管理系统、仓储物流管理系统模块

大宗商品供应链商贸物流管理系统、仓储物流管理系统为该平台的核心部分,是主要的业务平台。

学生进入教学系统后,点击"学生管理"—"学生课堂",如图 2-1 所示。

图 2-1 学生课堂界面

一、商贸物流管理系统

点击对应的课堂中的"进入课堂"按钮,即进入商贸物流管理操作平台,如图 2-2 所示。

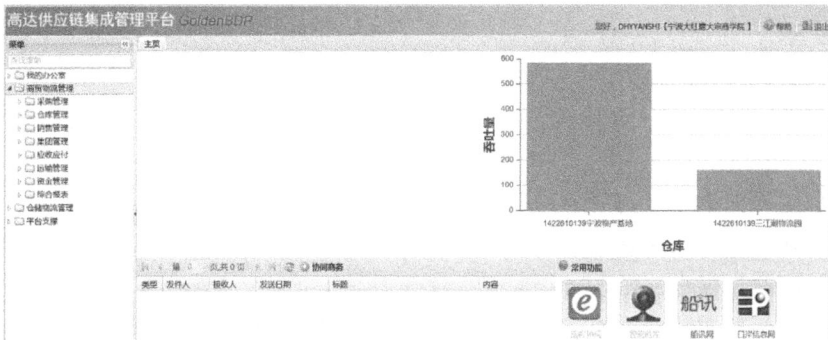

图 2-2 大宗商品供应链商贸物流管理系统界面

商贸物流管理系统总共包括采购管理、仓库管理、销售管理、集团管理、应收应付、运输管理、资金管理和综合报表等几个子模块。

二、仓储物流管理系统

点击对应的课堂中的"进入课堂"按钮,即进入仓储物流管理系统操作平台,如图 2-3 所示。仓储物流管理系统总共包括合同管理、业务操作平台、仓储管理、生产加工、运输配送、财务管理和综合报表等几个子模块。

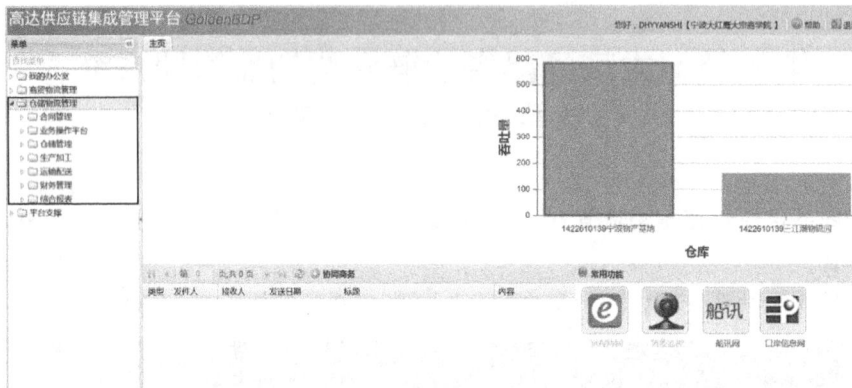

图 2-3 大宗商品供应链仓储物流管理界面

三、实验平台基础设置

(一) 仓库物资信息设置

仓库物资信息设置如下所示。

1. 仓库设置

(1) 菜单

进入"平台支撑"—"基础设置"—"仓库物资"—"仓库设置"界面。

(2) 功能描述

对公司现在所涉及的仓库进行设置。

(3) 界面

仓库设置界面如图 2-4 所示。

(4) 操作

仓库设置操作界面如图 2-5 所示。

①在图 2-4 中点击"仓库设置"按钮进入界面,点击"增加"按钮输入仓库名称等信息。

②信息输入完毕后点击"保存"按钮便可以增加新的仓库。

③可以通过查询条件查询出想要修改的仓库,选中该仓库后可以修改仓库的信息,然后点击"修改"按钮保存。

④查询出想要删除的仓库,选中后直接点击"删除"按钮。

图 2-4 仓库设置界面

图 2-5 仓库设置操作界面

2. 库区设置

(1) 菜单

进入"平台支撑"—"基础设置"—"仓库物资"—"库区设置"界面。

(2) 功能描述

对公司现在所涉及的仓库的库区进行设置。

(3) 界面

库区设置界面如图 2-6 所示。

图 2-6　库区设置界面

（4）操作

库区设置操作界面如图 2-7 所示。

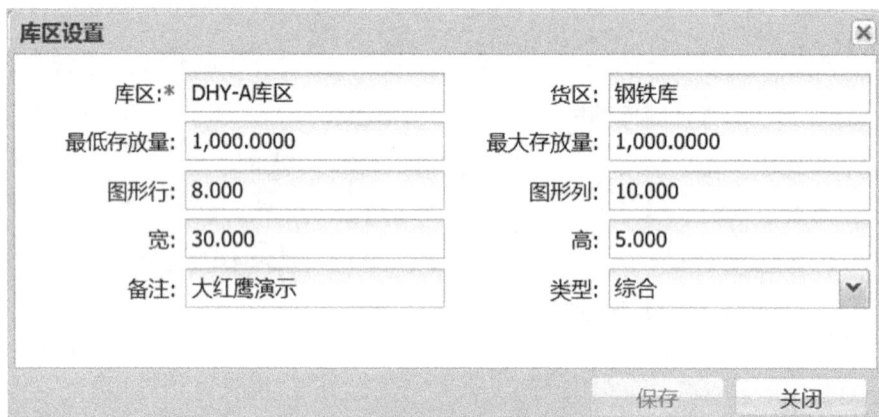

图 2-7　库区设置操作界面

①在图 2-6 中点击"库区设置"按钮，进入界面，选择左边树形结构中的仓库，点击"增加"按钮输入库区等信息。

②信息输入完毕后点击"保存"按钮便可以增加该仓库下面的新库区。

③可以通过查询条件查询出想要修改的库区，选中该库区后可以修改库区的信息，然后点击"修改"按钮保存。

④查询出想要删除的库区，选中后直接点击"删除"按钮。

3. 库位设置

（1）菜单

进入"平台支撑"—"基础设置"—"仓库物资"—"库位设置"界面。

（2）功能描述

对公司现在所涉及的仓库的库位进行设置。

（3）界面

库位设置界面如图 2-8 所示。

图 2 - 8　库位设置界面

（4）操作

库位设置操作界面如图 2 - 9 所示。

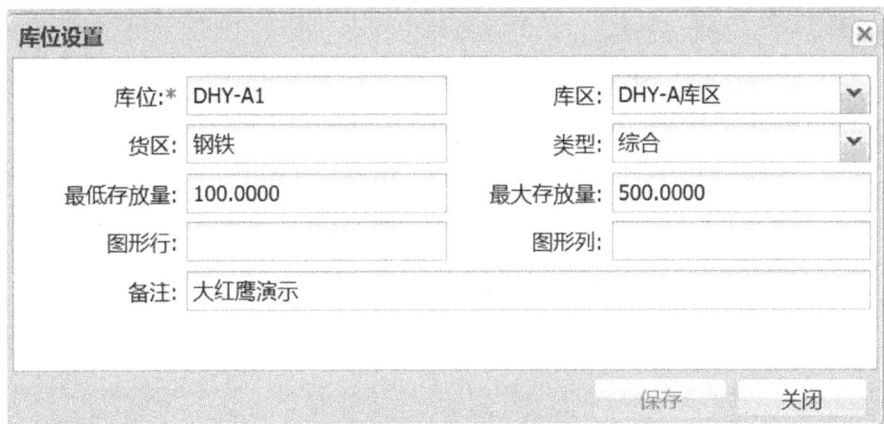

图 2 - 9　库位设置操作界面

①在图 2 - 8 点击"库位设置"按钮，进入界面，选择左边树形结构中的仓库，点击"增加"按钮输入库位等信息。

②信息输入完毕后点击"保存"按钮便可以增加该仓库下面的新库位。

③可以通过查询条件查询出想要修改的库位，选中该库位后可以修改库位的信息，绑定监控设备，然后点击"修改"按钮保存。

④查询出想要删除的库位，选中后直接点击"删除"按钮。

4. 品名设置

（1）菜单

进入"平台支撑"—"基础设置"—"仓库物资"—"品名设置"界面。

（2）功能描述

对物资的名称等信息进行设置。

（3）界面

品名设置界面如图2-10所示。

图2-10　品名设置界面

（4）操作

品名设置操作界面如图2-11所示。

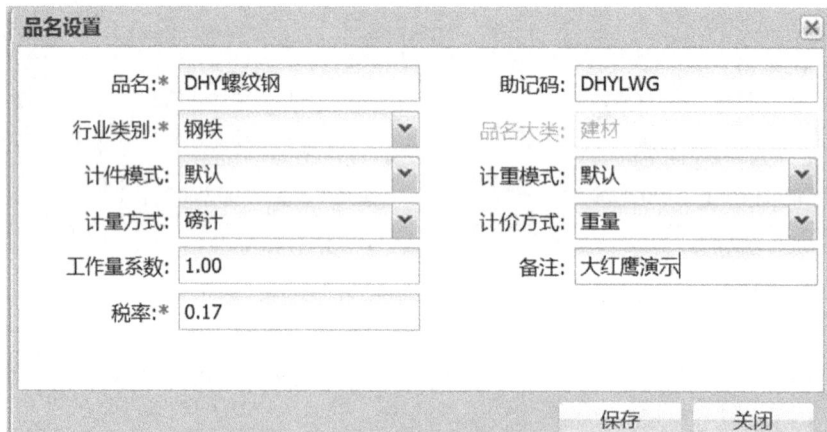

图2-11　品名设置操作界面

①在图2-10中点击"品名设置"按钮,进入界面,在左边的品名大类中选中需要增加下级的大类,点击"增加"按钮,输入名称等信息后点击"保存"按钮。

②在图2-10左边树形结构中选中需要修改的品名大类,点击"修改"按钮,对信息进行修改后点击"保存"按钮。

③选中需要删除的品名大类,点击"删除"按钮。

④选中图2-10左边树形结构中的品名大类,出现图2-11品名设置操作界面。输入品名信息,选择"行业类别"等下拉菜单中的内容,然后点击"保存"按钮便可以增加新的物资。

⑤选中图2-10左边树形结构中的品名大类,再在右边查询出需要修改的物资,然后在上面修改该物资的信息,修改完成后点击"保存"按钮保存。

⑥选中图2-10左边树形结构中的品名大类,再在右边查询出需要删除的物资,然后在上面点击"删除"按钮。

5. 产地设置

（1）菜单

进入"平台支撑"—"基础设置"—"仓库物资"—"产地设置"界面。

（2）功能描述

对物资的产地进行设置。

（3）界面

产地设置界面如图 2-12 所示。

图 2-12　产地设置界面

（4）操作

产地设置操作界面如图 2-13 所示。

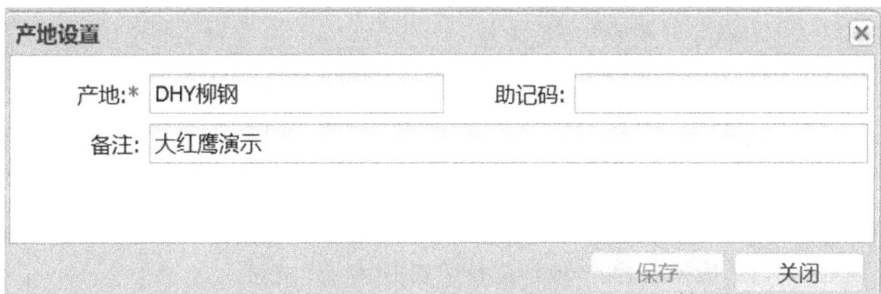

图 2-13　产地设置操作界面

①在图 2-12 中点击"产地设置"按钮，进入界面，点击"增加"按钮，输入产地名称等信息后点击"保存"按钮便可以增加新的产地。

②可以通过查询条件查询出想要修改的产地，选中该产地后可以修改它的信息，然后点击"修改"按钮保存。

③查询出想要删除的产地，选中后直接点击"删除"按钮。

6. 物资代码

（1）菜单

进入"平台支撑"—"基础设置"—"仓库物资"—"物资代码"界面。

（2）功能描述

对物资的代码属性进行设置。

（3）界面

物资代码界面如图 2-14 所示。

图 2-14　物资代码界面

（4）操作

物资代码设置操作界面如图 2-15 所示。

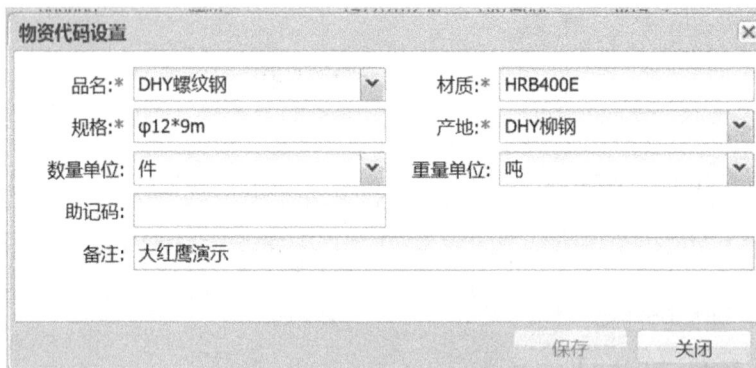

图 2-15　物资代码设置操作界面

①在图 2-14 中点击"物资代码"按钮，进入界面，选中品名大类点，击"增加"按钮输入材质、规格等信息，选择品名、产地等信息后点击"保存"按钮。

②在图 2-14 中选中左边树形结构中的物资，选择右边明细或者直接查询出需要修改的品名，然后在上面修改它的信息，修改完后点击"修改"按钮保存。

③在图 2-14 中选中左边树形结构中的物资，选择右边明细或者直接查询需要删除的品名，然后在上面点击"删除"按钮。

④点击明细的"导入"按钮，先下载导入模板，下载好后填写正确的物资品名信息，点击"导入"按钮选择该模板，保存即可成功导入。

（二）客户档案信息设置

客户档案信息设置如下所示。

1. 往来单位设置

（1）菜单

进入"平台支撑"—"客户档案"—"往来单位设置"界面。

（2）功能描述

对公司现在所有的往来单位的信息进行设置。

（3）界面

往来单位设置界面如图 2-16 所示。

图 2-16 往来单位设置界面

（4）操作

往来单位登记操作界面如图 2-17 所示。

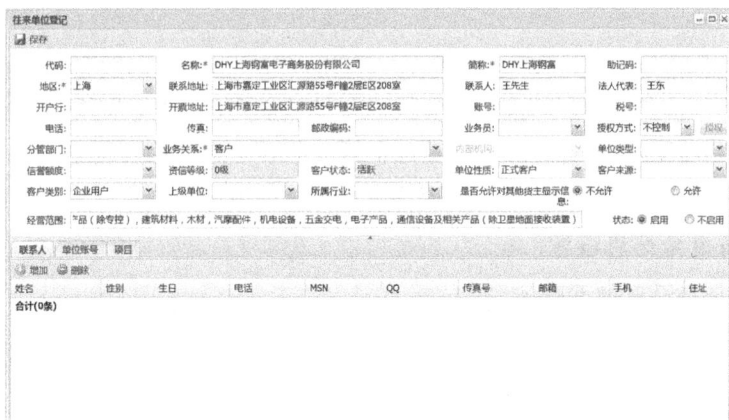

图 2-17 往来单位登记操作界面

①在图 2-17 中点击"往来单位设置"按钮,进入界面,选择左边树状结构中的地区再点击"增加"按钮,进入新增界面。

②在图 2-17 中输入名称,选择"客户类别"等信息,填写完毕后点击"保存"按钮。

③通过查询条件查询出想要修改的往来单位,选中该单位后点击"修改"按钮,然后在修改界面中修改往来单位的信息,修改完成后点击"保存"按钮。

④查询出想要删除的往来单位,选中后直接点击"删除"按钮。

⑤点击"导入"按钮下载导入模板,填写好正确的单位信息,点击"导入"按钮选择该模板,导入成功。

2. 地区设置

（1）菜单

进入"平台支撑"—"客户档案"—"地区设置"界面。

（2）功能描述

对往来单位所在的地区进行设置。

（3）界面

地区设置界面如图 2-18 所示。

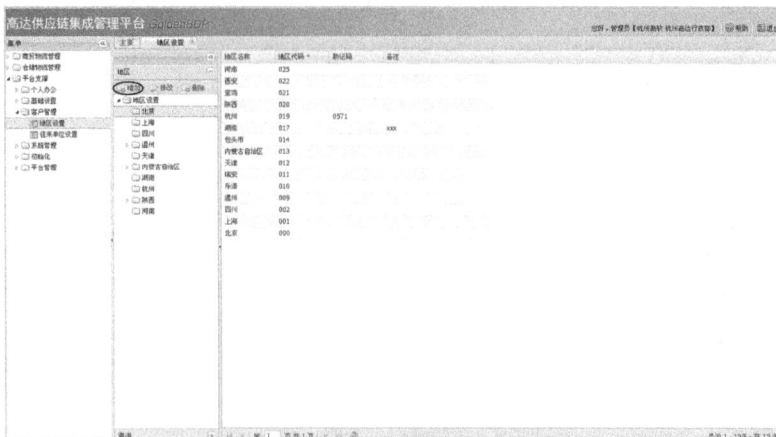

图 2-18　地区设置界面

（4）操作

①在图 2-18 中点击"地区设置"按钮，进入页面点击"增加"按钮，根据单位需要增加地区。

②对保存的地区可以修改，选择要修改的地区然后点击"修改"按钮保存。

③对保存的地区可以删除，选择要删除的地区直接点击"删除"按钮。

④地区保存后，可以通过查询条件查询自己要看的地区信息。

（三）财务资金信息设置

财务资金信息设置如下所示。

1. 开户银行设置

（1）菜单

进入"平台支撑"—"基础设置"—"财务资金"—"开户银行设置"界面。

（2）功能描述

对公司账户的开户行的信息进行设置。

（3）界面

开户银行设置界面如图 2-19 所示。

图 2-19　开户银行设置界面

（4）操作

①在图 2 - 19 中点击"开户银行设置"按钮，进入界面，点击"增加"按钮输入开户银行等信息。

②信息输入完毕后点击"保存"按钮便可以增加新的银行。

③可以通过查询条件查询出想要修改的银行，选中该银行后可以修改它的信息，然后点击"修改"按钮保存。

④查询出想要删除的银行，选中后直接点击"删除"按钮。

2. 企业账户设置

（1）菜单

进入"平台支撑"—"基础设置"—"财务资金"—"企业账户设置"界面。

（2）功能描述

对公司账户的信息进行设置。

（3）界面

企业账户设置界面如图 2 - 20 所示。

图 2 - 20 企业账户设置界面

（4）操作

①在图 2 - 20 中点击"企业账户设置"按钮，进入界面，点击"增加"按钮输入账号、账户名称，选择银行名称等信息。

②信息输入完毕后点击"保存"按钮便可以增加新的账号。

③可以通过查询条件查询出想要修改的账号，选中后可以修改它的信息，然后点击"修改"按钮保存。

④查询出想要删除的账号，选中后直接点击"删除"按钮。

3. 币别设置

（1）菜单

进入"平台支撑"—"基础设置"—"财务资金"—"币别设置"界面。

（2）功能描述

对所涉及的币别进行设置。

（3）界面

币别设置界面如图 2-21 所示。

图 2-21　币别设置界面

（4）操作

①在图 2-21 中点击"币别设置"按钮，进入界面，点击"增加"按钮输入代码、币别名称等信息。

②信息输入完毕后点击"保存"按钮便可以增加新的币别。

③可以通过查询条件查询出想要修改的币别，选中后可以修改它的信息，然后点击"修改"按钮保存。

④查询出想要删除的币别信息，选中后直接点"删除"按钮。

（四）费用设置

费用设置如下所示。

1. 费用类别设置

（1）菜单

进入"仓储物流管理"—"仓储设置"—"费用类别设置"界面。

（2）功能描述

可以对费用类别进行增加、修改、删除的操作。

（3）界面

费用类别设置界面如图 2-22 所示。

图 2 - 22　费用类别设置界面

（4）操作

①点击"增加"按钮打开费用类别设置操作界面，如图 2 - 23 所示。

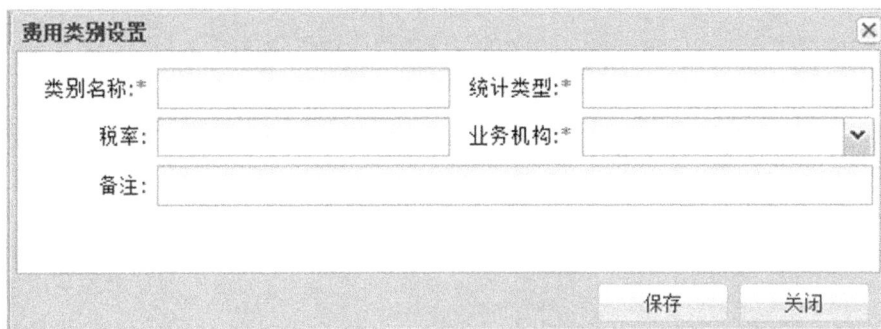

图 2 - 23　费用类别设置操作界面

②输入类别名称、统计类型、税率等信息，选择业务机构。

③点击"保存"按钮保存单据。

2. 费用项目设置

（1）菜单

进入"仓储物流管理"—"仓储设置"—"费用项目设置"界面。

（2）功能描述

可以对费用项目进行增加、修改、删除、增加仓储费等操作。

（3）界面

费用设置界面如图 2 - 24 所示。

图 2-24　费用项目设置界面

（4）操作

①选择左边费用项目后，点击"增加"按钮打开费用项目设置操作界面，如图 2-25 所示。

图 2-25　费用项目设置操作界面

②输入项目名称、税率、单价等信息,选择仓库、库位类型、结算方式、单价的单位、运输方式等内容。

③点击"保存"按钮保存单据。

④点击"修改"按钮,可对单据进行修改。

⑤点击"删除"按钮,可删除单据。

第二节　供应链金融管理系统模块

供应链金融管理系统子系统为该平台的核心部分,是主要的业务平台。实训任务也主要是按照供应链金融模块的不同融资模式展开。

一、供应链仓单融资动态质押

供应链仓单动态融资主要有以下内容。

(1)融资方向上游供应单位购买物资,物资出厂后融资方通知仓库(监管方)收货,并将物资存放在仓库中,融资方将需要仓库收货的物资信息在系统中的入库通知单上进行登记。

(2)仓库(监管方)接到融资方单位的入库通知,在物资到达仓库后组织仓库人员进行物资验收,仓库方将物资验收的实际信息在系统中的仓库验收单上进行登记。

(3)融资方单位由于目前公司资金紧张,遂将仓库库存物资质押给银行,银行委托仓库单位进行物资监管,融资方将需要质押的相关信息在系统中的融资申请单上进行登记,在融资申请单上填入融资单位、监管单位、银行单位、融资合同号信息、开始日期和结束日期、融资类别、质押物资信息,单据保存成功后,系统锁定融资方质押的仓库物资可供量。

(4)仓库(监管方)在系统中审核融资方单位的融资申请。

(5)银行方在系统中审核融资方单位的融资申请。

(6)银行方审核成功融资方单位的融资申请后,将贷款通过银行资金系统发放到融资方单位的银行账户中。

(7)由于市场价格波动,质押的物资单价在低于银行风险单价的情况下,银行通知融资方进行补款。

(8)融资方单位接到银行的补款通知,在系统中进行融资补款单登记。

(9)仓库(监管方)在系统中审核融资方单位的融资补款登记。

(10)银行方在系统中审核融资方单位的融资补款登记。

(11)融资方公司资金压力减小,遂向银行方赎货,融资方将赎货的信息在系统中的融资还款单上进行登记,关联融资申请信息,填入还货的数量、重量、金额,并将还货的金额通过银行资金系统转到银行指定的账号上。

(12)仓库(监管方)在系统中审核融资方单位的融资还款单据。

(13)银行方在系统中审核融资方单位的融资还款单据,审核成功后,融资类别为静态质押,在全部还款完成后,系统释放仓库物资锁定量;融资类别为动态质押,根据还款数量、还款重量、还款金额释放仓库物资锁定量。

(14) 仓库物资锁定量释放后,融资方单位通知监管方可以办理物资出库信息。

二、供应链仓单融资静态质押(融通仓)

供应链仓单融资静态质押(融通仓)主要内容请参见供应链仓单融资动态质押一项。

三、供应链订单融资(保兑仓)

(1) 融资方向上游供应单位购买物资,与供应单位签订采购合同后,由于当前公司资金紧张,无法支付全部货款,遂向银行提出融资申请。

(2) 融资方将上游供应单位的采购合同信息在系统中的采购合同单据上进行登记,填入合同物资和合同单价信息。

(3) 融资方将需要融资的相关信息在系统中的融资申请单上进行登记,在融资申请单上填入融资单位、监管单位、银行单位、融资合同号信息、开始日期和结束日期、融资类型、采购合同信息。

(4) 仓库(监管方)在系统中审核融资方单位的融资申请。

(5) 银行方在系统中审核融资方单位的融资申请。

(6) 银行方审核成功融资方单位的融资申请后,将贷款通过银行资金系统发放到融资方的供方单位银行账户中。

(7) 融资方收到银行贷款后,将款项支付给供方单位,供方单位待货款收到后,组织发货。

(8) 物资出厂后融资方通知仓库(监管方)收货,并将物资存放在仓库中,融资方根据采购合同将需要仓库收货的物资信息在系统中的入库通知单上进行登记。

(9) 仓库(监管方)接到融资方单位的入库通知,在物资到达仓库后组织仓库人员进行物资验收,仓库方将物资验收的实际信息在系统中的仓库验收单上进行登记,登记完成后,仓库物资在系统中自动成锁定状态。

(10) 融资方公司资金压力减小,遂向银行方赎货,融资方将赎货的信息在系统中的融资还款单上进行登记,关联融资申请信息,填入还货的数量、重量、金额,并将还货的金额通过银行资金系统转到银行指定的账号上。

(11) 仓库(监管方)在系统中审核融资方单位的融资还款单据。

(12) 银行方在系统中审核融资方单位的融资还款单据,审核成功后,根据还款数量、还款重量、还款金额释放仓库物资锁定量。

(13) 仓库物资锁定量释放后,融资方单位可以办理物资出库信息。

四、供应链应收账款融资

(1) 融资方与下游客户是长期的贸易合作关系,但下游客户的应收账款结算周期比较长,形成融资方大量的资金占用,遂融资方根据下游客户的应收账款向银行提出融资申请。

（2）融资方根据与下游客户签订的销售合同，在系统中进行销售合同单据登记，填入下游客户单位信息、合同物资信息、合同单价。

（3）融资方根据开具给下游客户的销售发票，在系统中进行销售发票单据登记，填入发票信息。

（4）融资方将需要融资的相关信息在系统中的融资申请单上进行登记，在融资申请单上填入融资单位、客户单位、银行单位、融资合同号信息、开始日期和结束日期、融资类型、销售合同信息、销售发票信息。

（5）客户单位在系统中审核融资方单位的融资申请。

（6）银行方在系统中审核融资方单位的融资申请。

（7）银行方审核成功融资方单位的融资申请后，将贷款通过银行资金系统发放到融资方的银行账户中，并通知客户单位将应收账款打到银行指定的账户中。

（8）下游客户单位到达应收账款结算周期，遂向银行进行还款，下游客户单位将还款信息在系统中的融资还款单上进行登记，关联融资申请信息，填入还款金额，并将还款的金额通过银行资金系统转到银行指定的账号上。

（9）银行方在系统中审核客户单位的融资还款单据。

五、系统设置

（一）大类设置

1. 菜单

进入"系统设置"—"大类设置"界面。

2. 功能描述

对公司现在所涉及的大类进行设置。

3. 界面

大类设置界面如图 2-26 所示。

图 2-26　大类设置界面

4. 操作

①点击"大类设置"进入界面，点击"添加大类"按钮，输入大类名称等信息。

②信息输入完毕后点击"确认保存"按钮，便可以增加新的大类。

③可以通过查询条件查询出想要修改的大类,选中该大类后可以修改大类的信息,然后点击列表中的"修改"按钮修改大类信息。

④查询出想要删除的大类,选中后直接点击"删除"按钮。

(二)品名设置

1. 菜单

进入"系统设置"—"品名设置"界面。

2. 功能描述

对公司中现在所涉及的品名进行设置。

3. 界面

品名设置界面如图2-27所示。

图2-27 品名设置界面

4. 操作

①点击"品名设置"进入界面,点击"添加品名"按钮输入品名名称等信息。

②信息输入完毕后点击"确认保存"按钮便可以增加新的品名。

③可以通过查询条件查询出想要修改的品名,选中该品名后可以修改品名的信息,然后点击列表中的"修改"按钮修改品名信息。

④查询出想要删除的品名,选中后直接点击"删除"按钮。

(三)产地设置

1. 菜单

进入"系统设置"—"产地设置"界面。

2. 功能描述

对公司中现在所涉及的产地进行设置。

3. 界面

产地设置界面如图2-28所示。

图 2-28　产地设置界面

4. 操作

①点击"产地设置"按钮,进入界面,点击"添加产地"按钮输入产地名称等信息。

②信息输入完毕后点击"确认保存"按钮便可以增加新的产地。

③可以通过查询条件查询出想要修改的产地,选中该产地后可以修改产地的信息,然后点击列表中的"修改"按钮修改产地信息。

④查询出想要删除的产地,选中后直接点击"删除"按钮。

(四) 物资设置

1. 菜单

进入"系统设置"—"物资设置"界面。

2. 功能描述

对公司中现在所涉及的物资进行设置。

3. 界面

物资设置界面如图 2-29 所示。

图 2-29　物资设置界面

4. 操作

①点击"物资设置"按钮,进入界面,点击"添加物资"按钮输入品名、材质、规格、产地、数量单位、重量单位等信息。

②信息输入完毕后点击"确认保存"按钮便可以增加新的物资。

③可以通过查询条件查询出想要修改的物资,选中该物资后可以修改物资的信息,然后点击列表中的"修改"按钮修改物资信息。

④查询出想要删除的物资,选中后直接点击"删除"按钮。

(五)单位设置

1. 菜单

进入"系统设置"—"单位设置"界面。

2. 功能描述

对公司中现在所涉及的单位进行设置。

3. 界面

单位设置界面如图 2-30 所示。

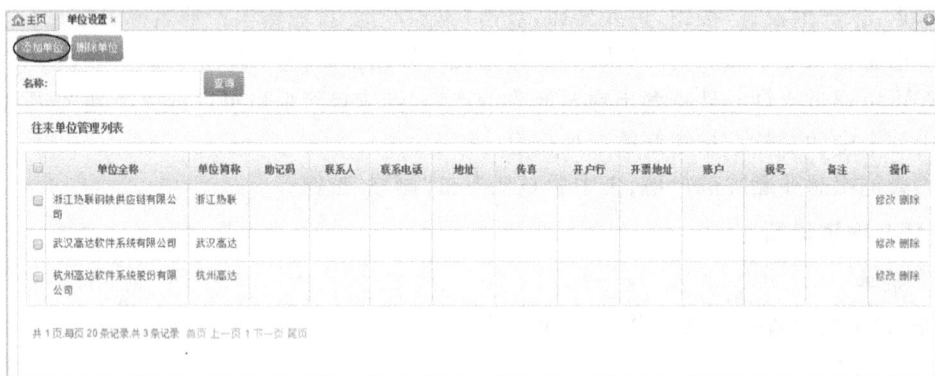

图 2-30　单位设置界面

4. 操作

(1)点击"仓库设置"按钮进入界面,点击"添加单位"按钮输入单位全称、单位简称、助记码、联系人、联系电话、地址、传真、开户行、开票地址、账号、税号、备注等信息。

(2)信息输入完毕后点击"确认保存"按钮便可以增加新的单位。

(3)可以通过查询条件查询出想要修改的单位,选中该单位后可以修改单位的信息,然后点击列表中的"修改"按钮修改单位信息。

(4)查询出想要删除的单位,选中后直接点击"删除"按钮。

(六)银行设置

1. 菜单

进入"系统设置"—"银行设置"界面。

2. 功能描述

对公司中现在所涉及的银行进行设置。

3. 界面

银行设置界面如图 2-31 所示。

图 2-31　银行设置界面

4.操作

（1）点击"银行设置"按钮,进入界面点击"添加银行"按钮输入名称、联系人、电话、地址、传真、备注等信息。

（2）信息输入完毕后点击"确认保存"按钮便可以增加新的银行。

（3）可以通过查询条件查询出想要修改的银行,选中该银行后可以修改银行的信息,然后点击列表中的"修改"按钮修改银行信息。

（4）查询出想要删除的银行,选中后直接点击"删除"按钮。

第三章 大宗商品供应链商贸物流管理系统实训篇

第一节 大宗商品供应链采购业务

一、实验目的

● 熟悉采购模式业务的操作模式。

● 熟悉采购模式业务过程中的计划登记、合同登记、发货登记、装运登记、入库通知登记、付款申请登记、付款登记、采购发票登记等具体的操作管理方法。

● 熟练掌握采购模式业务的核心思想,理解课堂知识,掌握实践技能。

二、实验背景

某公司由于贸易业务需求,需要向钢厂采购货物 360 吨,然后该公司开始与广西柳州钢铁(集团)公司确定采购信息,双方就此交易签订了一份购货合同。

首先该公司采购人员根据物资需求制订采购计划,该公司管理层核准采购计划后,由采购人员与广西柳州钢铁(集团)公司销售部人员沟通,双方根据采购计划物资签订采购合同,合同生效后,钢厂根据合同信息排产,生产出成品物资后,钢厂通过铁路将物资发出并将发货物资情况告知该公司,发货物资抵达宁波中转站后,通过汽车转运到三江潮物流园,仓库收货人员对到达物资进行验收确认,记录最终的码单验收量。收到货物后,该公司财务人员把货款通过转账的方式支付给柳钢集团,收到货款以后,开具增值税发票,该公司收到发票以后登记采购发票信息。

三、实验步骤

(一)采购流程

采购流程如图 3-1-1 所示。

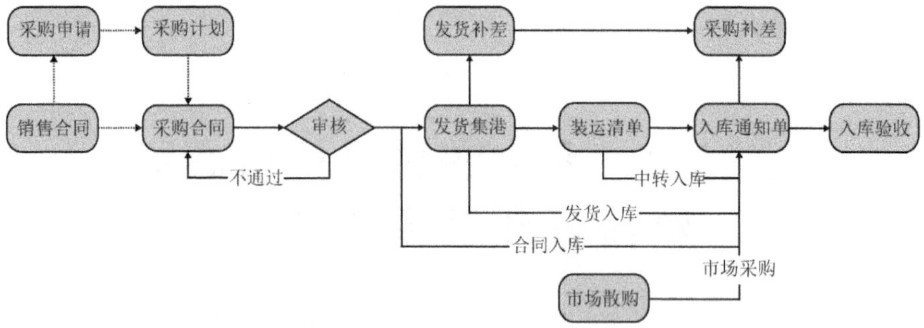

图 3-1-1 大宗商品供应链采购业务流程

（二）实验具体步骤

第1步：采购计划登记。

第2步：采购合同登记。

第3步：采购发货登记。

第4步：采购装运登记。

第5步：入库通知登记。

第6步：付款申请登记。

第7步：付款登记。

第8步：采购发票登记。

四、数据范例

采购业务数据——以广西柳州钢铁(集团)公司为例,如表 3-1-1 所示。

表 3-1-1 采购业务数据——以广西柳州钢铁(集团)公司为例

供应商信息	名称：广西柳州钢铁(集团)公司(简称"广西柳钢") 地址：广西柳州市××路×××号 联系人： 电话： 传真： 企业性质：钢厂 **业务介绍** 广西柳钢拥有具备先进水平的焦化、烧结(球团)、炼铁、炼钢、轧钢等完整的钢铁生产工艺装备和技术,下辖矿山、焦化厂、烧结厂、炼铁厂、炼钢厂、中板厂、热轧厂、冷轧厂、棒线厂、中型厂等 12 个主体生产厂和相应的辅助配套设施。现已具备铁 975 万吨、钢 1100 万吨、钢材 1400 万吨以上的年综合生产能力,成为广西规模最大的钢铁企业			
物资相关信息	**品名：螺纹钢;材质：HRB335;产地：济钢总厂**			
	规格	申请数量	申请重量	含税单价
	Φ14×9	50	100	21.20
	Φ16×9	60	120	21.10
	Φ18×9	70	140	20.20

注：规格单位为米,申请数量单位为件,申请重量单位为吨,含税单价单位为元/吨,含税金额单位为元。全书图表单位同此。

五、实验要求

学生依据实验步骤进行采购入库的自主练习操作。

学生在实验任务操作当中的每一个步骤,均需截图到实验报告当中,并对每个步骤进行解释说明。实验报告主要包含实验背景、实验任务、业务流程、操作过程(见实验报告模板)。业务流程要求画出该实验场景中的所有业务对应的流程图,操作过程要求对每步骤用语言描述对应的业务场景。

六、实验操作

(一) 采购计划登记

1. 菜单

进入"商贸物流管理"—"采购管理"—"采购计划"—"采购计划登记"界面。

2. 功能描述

用户对物资进行采购计划的登记。

3. 界面

采购计划登记界面如图3-1-2所示。

图3-1-2 采购计划登记界面

4. 操作

单击"增加"按钮新增采购计划登记,界面如图3-1-3所示。

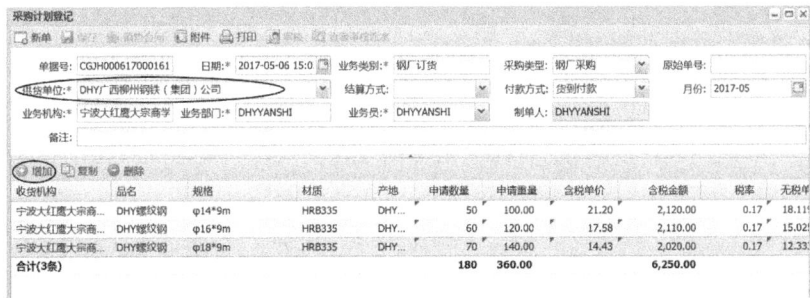

图3-1-3 新增采购计划登记界面

（1）在"供货单位"下拉菜单选择"DHY 广西柳州钢铁（集团）公司"，业务类别选择"钢厂订货"，单击"增加"按钮新增采购计划物资信息，选择 3 条物资信息，分别为如下。

品名：螺纹钢；材质：HRB335；规格：Φ14×9 米；产地：DHY 济钢总厂；申请数量：50 件；申请重量：100.00 吨；含税金额：2120.00 元。

品名：螺纹钢；材质：HRB335；规格：Φ16×9 米；产地：DHY 济钢总厂；申请数量：60 件；申请重量：120.00 吨；含税金额：2110.00 元。

品名：螺纹钢；材质：HRB335；规格：Φ18×9 米；产地：DHY 济钢总厂；申请数量：70 件；申请重量：140.00 吨；含税金额：2020.00 元。

（2）信息输入完成后，单击"保存"按钮，保存单据。

（3）单击"打印"按钮，对采购计划登记进行打印。采购计划单样例如图 3-1-4 所示。

宁波大红鹰大宗商品商学院采购计划单

日期：2017-05-06　　　　　　　　　　　单据号：CGJH000617000161
供货单位：DHY广西柳州钢铁（集团）公司　　　业务类别：钢厂订货
业务部门：DHYYANSHI　　　　　　　　　采购类型：钢厂采购
备注：

品名	材质	规格	产地	数量	重量	含税单价	含税金额
DHY螺纹钢	HRB335	Φ14×9	DHY济钢总厂	50	100.00	21.20	2,120.00
DHY螺纹钢	HRB335	Φ16×9	DHY济钢总厂	60	120.00	17.58	2,110.00
DHY螺纹钢	HRB335	Φ18×9	DHY济钢总厂	70	140.00	14.43	2,020.00
			分页合计	180	360.00		6,250.00
			总合计	180	360.00		6,250.00

打印人：DHYYANSHI 打印时间：2017-05-06 15:05:09

图 3-1-4　采购计划单样例

（二）采购合同登记

1. 菜单

进入"商贸物流管理"—"采购管理"—"采购合同"—"采购合同登记"界面。

2. 功能描述

对采购计划进行合同登记或者直接登记采购合同。

3. 界面

采购合同登记界面如图 3-1-5 所示。

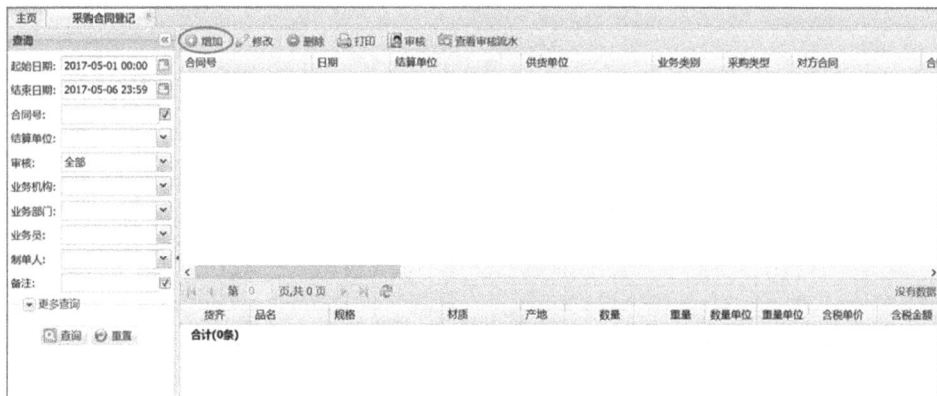

图 3-1-5　采购合同登记界面

4. 操作

单击"增加"按钮新增采购合同登记,界面如图 3-1-6 所示。

图 3-1-6　新增采购合同登记界面

（1）单击"采购计划"按钮选择上一步操作中的采购计划明细,可根据实际情况对明细进行相关的修改。具体如下。

品名：螺纹钢,材质；HRB335,规格；Φ14×9 米,产地：DHY 济钢总厂,申请数量：50 件,申请重量：100.00 吨,含税金额：2120.00 元。

品名：螺纹钢,材质；HRB335,规格；Φ16×9 米,产地：DHY 济钢总厂,申请数量：60 件,申请重量：120.00 吨,含税金额：2109.60 元。

品名：螺纹钢,材质；HRB335,规格；Φ18×9 米,产地：DHY 济钢总厂,申请数量：70 件,申请重量：140.00 吨,含税金额：2020.20 元。

（2）单击附表中的"条款"增加对应的销售合同模板。

（3）完成采购合同登记后,单击"保存"按钮,保存单据。

（4）单击"打印"按钮,对采购合同登记进行打印。采购合购样例如图 3-1-7 所示。

采购合同

合同日期：2017-05-06

结算单位：DHY广西柳州钢铁（集团）公司

合同号：CGHT000617000344

履约地点：

一、标的物

品名	材质	规格	产地	数量	重量	含税单价	含税金额
DHY螺纹钢	HRB335	Φ14×9	DHY济钢总厂	50	100.00	21.20	2,120.00
DHY螺纹钢	HRB335	Φ16×9	DHY济钢总厂	60	120.00	17.58	2,109.60
DHY螺纹钢	HRB335	Φ18×9	DHY济钢总厂	70	140.00	14.43	2,020.20
			分页合计	180	360.00		6,249.80
			总合计	180	360.00		6,249.80

第一条 甲方向乙方订货总值为人民币____元

第二条 产品名称、规格、质量(技术指标)

第三条 产品包装规格及费用

第四条 验收方法

第五条 货款及费用等付款及结算办法

第六条 交货规定：交货方式、交货地点、交货日期

第七条 经济责任：产品花色、品种、规格、质量不符本合同规定时，甲方同意利用者，按质论价。不能利用的，乙方应负责保修、保退、保换。由于上述原因致延误交货时间，每逾期一日，乙方应按逾期交货部分货款总值的万分之三计算向甲方支付

图 3-1-7 采购合同样例

（三）采购发货登记

1. 菜单

进入"商贸物流管理"—"采购管理"—"采购发货"—"采购发货登记"界面。

2. 功能描述

对采购合同进行采购发货登记。

3. 界面

采购发货登记界面如图 3-1-8 所示。

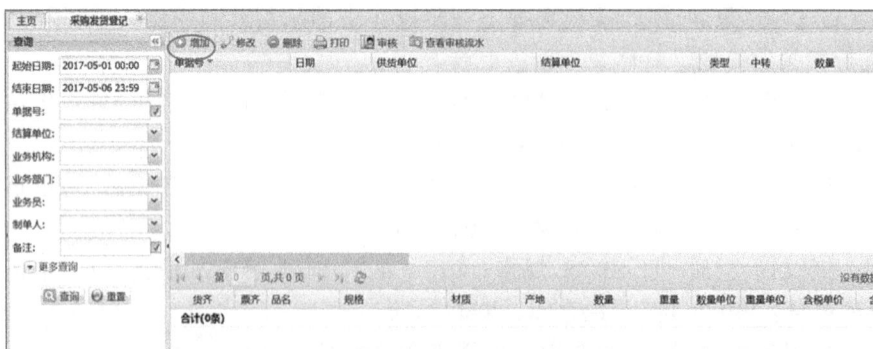

图 3-1-8 采购发货登记界面

4. 操作

单击"增加"按钮新增采购发货登记，界面如图 3-1-9 所示。

图 3-1-9 新增采购发货登记界面

（1）单击"采购合同"按钮，选择上一步操作中的采购合同的 3 条明细。

品名：螺纹钢；材质：HRB335；规格：Φ14×9 米；产地：DHY 济钢总厂；申请数量：50 件；申请重量：100.00 吨；含税金额：2120.00 元。

品名：螺纹钢；材质：HRB335；规格：Φ16×9 米；产地：DHY 济钢总厂；申请数量：60 件；申请重量：120.00 吨；含税金额：2109.60 元。

品名：螺纹钢；材质：HRB335；规格：Φ18×9 米；产地：DHY 济钢总厂；申请数量：70 件；申请重量：140.00 吨；含税金额：2020.20 元。

（2）可在"费用"明细界面中进行界面，选择按主表或者按明细增加费用，单击"增加"按钮添加费用信息，也可单击"删除"按钮删除费用信息。

注：为简化实验步骤，大宗商品供应链商贸物流管理系统实训篇对费用不做要求。

（3）完成采购发货登记后，单击"保存"按钮，保存单据。

（4）单击"打印"按钮，对采购发货登记进行打印。采购发货单样例如图 3-1-10 所示。

图 3-1-10 采购发货单样例

（四）采购装运登记

1. 菜单

进入"商贸物流管理"—"采购管理"—"采购装运"—"采购装运登记"界面。

2. 功能描述

对采购发货进行中转登记。

3. 界面

采购装运登记界面如图 3-1-11 所示。

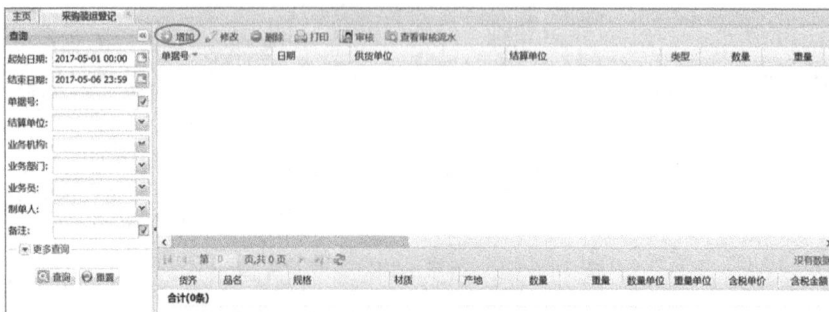

图 3-1-11　采购装运登记界面

4. 操作

单击"增加"按钮新增采购装运登记,界面如图 3-1-12 所示。

图 3-1-12　新增采购装运登记界面

(1) 单击"采购发货"按钮,选择上一步操作中的采购发货明细。

(2) 完成采购装运登记后,单击"保存"按钮,保存单据。

(3) 单击"打印"按钮,对采购装运登记进行打印。采购装运单样例如图 3-1-13 所示。

宁波大红鹰大宗商品商学院采购装运单

第1页/共1页

日期: 2017-05-06　　　　　　　　　　　　　　　　单据号: SHIP000617000151

结算单位: DHY广西柳州钢铁(集团)公司　　　　　　　业务部门: DHYYANSHI

备注:

品名	材质	规格	产地	数量	重量	含税单价	含税金额
DHY螺纹钢	HRB335	φ14×9	DHY济钢总厂	50	100.00	21.20	2,120.00
DHY螺纹钢	HRB335	φ16×9	DHY济钢总厂	60	120.00	17.58	2,109.60
DHY螺纹钢	HRB335	φ18×9	DHY济钢总厂	70	140.00	14.43	2,020.20
			分页合计	180	360.00		6,249.80
			总合计	180	360.00		6,249.80

打印人: DHYYANSHI　打印时间: 2017-05-06 15:30:42

图 3-1-13　采购装运单样例

(五) 入库通知登记

1. 菜单

进入"商贸物流管理"—"采购管理"—"入库通知"—"入库通知登记"界面。

2. 功能描述

对采购计划、采购合同、采购发货、采购装运进行入库通知登记。

3. 界面

入库通知登记界面如图 3-1-14 所示。

图 3-1-14　入库通知登记界面

4. 操作

单击"增加"按钮新增入库通知登记,界面如图 3-1-15 所示。

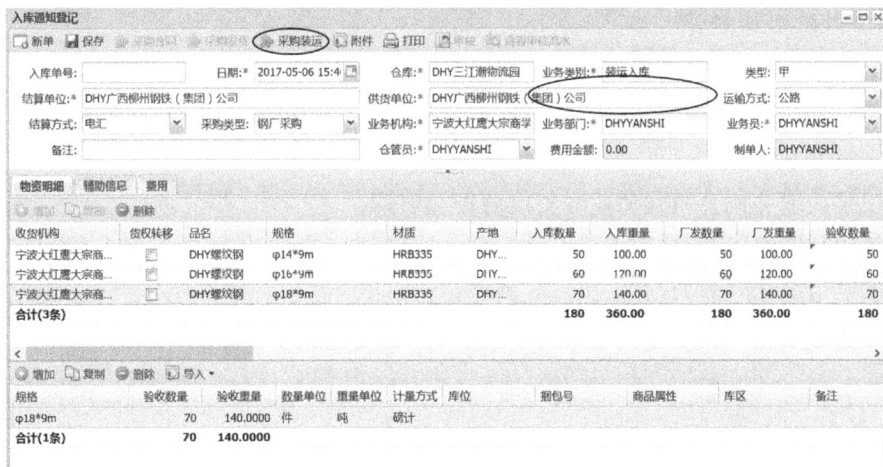

图 3-1-15　新增入库通知登记界面

(1) 选择"业务类别"为"装运入库";选择"仓库"为"DHY 三江潮物流园"。单击"采购装运"按钮,选择上一步操作中的采购装运明细,并对货物进行验收。

①选择"业务类别"为"市场散购"时,输入仓库和结算单位后,单击"增加"按钮新增物资明细。

②选择"业务类别"为"合同入库"时,输入仓库后,单击"采购合同"按钮,在未完成业

务明细中选择要操作的采购合同。

③选择"业务类别"为"发货入库"时,输入仓库后,单击"采购发货"按钮,在未完成业务明细中选择要操作的采购发货。

④选择"业务类别"为"装运入库"时,输入仓库后,单击"采购装运"按钮,在未完成业务明细中选择要操作的采购装运。

（2）完成入库通知登记后,单击"保存"按钮,保存单据。

（3）单击"打印"按钮,对入库通知登记进行打印,入库通知样例如图3-1-16所示。

宁波大红鹰大宗商品商学院入库通知

第1页/共1页

日期：2017-05-06		单据号：RK000617000260	
结算单位：DHY广西柳州钢铁（集团）公司		仓库：DHY三江潮物流园	
业务部门：DHYYANSHI		业务类别：装运入库	
运输方式：公路	仓管员：DHYYANSHI	采购类型：钢厂采购	
备注：			

品名	材质	规格	产地	入库数量	入库重量	含税单价	含税金额	车船号
DHY螺纹钢	HRB335	φ14×9	DHY济钢总厂	50	100.00	21.20	2,120.00	
DHY螺纹钢	HRB335	φ16×9	DHY济钢总厂	60	120.00	17.58	2,109.60	
DHY螺纹钢	HRB335	φ18×9	DHY济钢总厂	70	140.00	14.43	2,020.20	
		分页合计	180	360.00		6,249.80		
		总合计	180	360.00		6,249.80		
		打印人：DHYYANSHI	打印时间：2017-05-06 15:43:37					

图3-1-16 入库通知样例

（六）付款申请登记

1. 菜单

进入"商贸物流管理"—"资金管理"—"付款管理"—"付款申请登记"界面。

2. 功能描述

用于采购业务或公司其他业务支出的资金申请。

3. 界面

付款申请登记界面如图3-1-17所示。

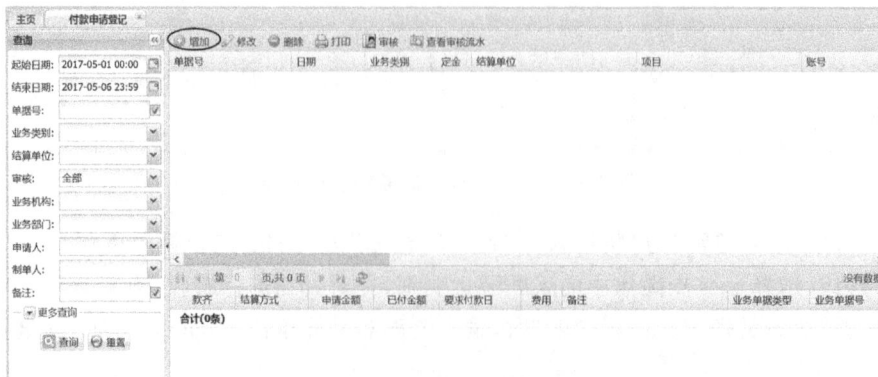

图3-1-17 付款申请登记界面

4. 操作

单击"增加"按钮新增付款申请登记,界面如图 3-1-18 所示。

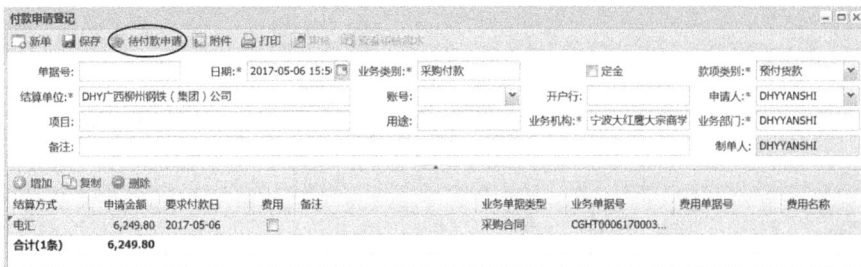

图 3-1-18 新增付款申请登记界面

(1) 单击"待付款申请"按钮,调用"待付款申请"按钮的内容,选择要登记的单据。

(2) 完成付款申请登记后,单击"保存"按钮,保存单据。

(3) 单击"打印"按钮,对付款申请单进行打印,付款申请单样例如图 3-1-19 所示。

图 3-1-19 付款申请单样例

(七) 付款登记

1. 菜单

进入"商贸物流管理"—"资金管理"—"付款管理"—"付款登记"界面。

2. 功能描述

用于记录采购业务或公司其他业务支出资金的付款情况。

3. 界面

付款登记界面如图 3-1-20 所示。

图 3-1-20 付款登记界面

4. 操作

单击"增加"按钮可以新增付款登记，界面如图 3－1－21 所示。

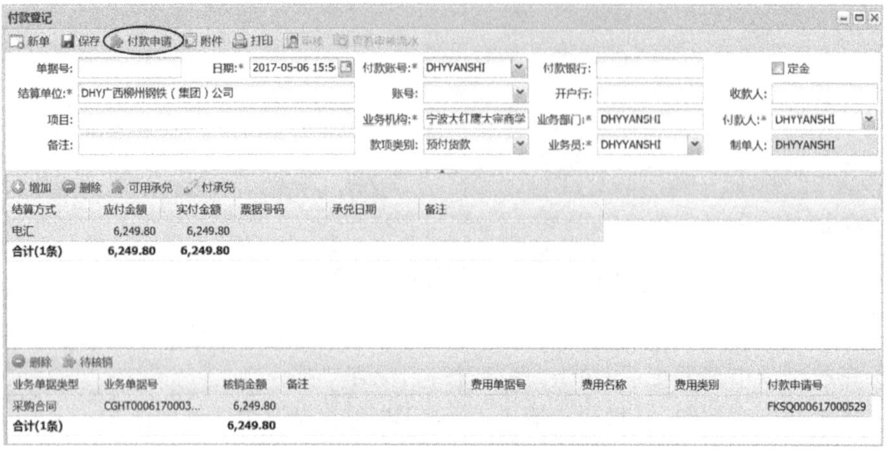

图 3－1－21　新增付款申请登记界面

（1）单击"付款申请"按钮，引用付款申请单据。如果"结算方式"选择承兑汇票或者商业承兑汇票，可以单击"可用承兑"按钮或者"付承兑"按钮，来做付款登记。单击"删除"按钮可对明细进行删除。

（2）完成付款登记后，单击"保存"按钮，保存单据。

（3）单击"打印"按钮，对单据进行打印。付款单样例如图 3－1－22 所示。

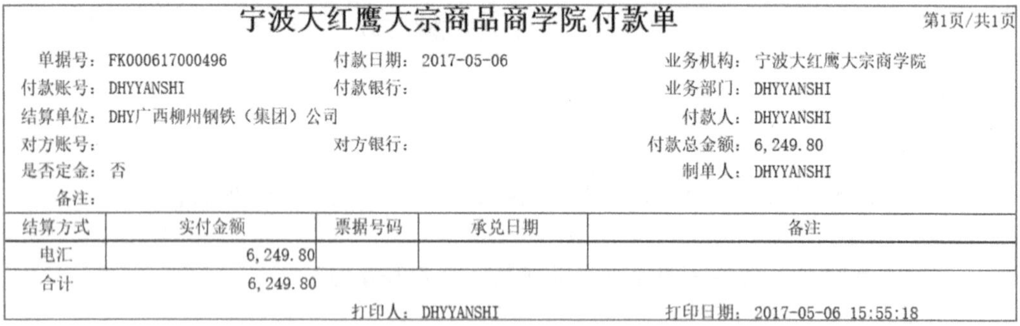

图 3－1－22　付款单样例

(八) 采购发票登记

1. 菜单

进入"商贸物流管理"—"应收应付"—"进项发票"—"采购发票登记"界面。

2. 功能描述

用于记录采购业务或公司其他业务支出资金的发票情况。

3. 界面

采购发票登记界面如图 3－1－23 所示。

图 3-1-23 采购发票登记界面

4. 操作

单击"增加"按钮可以新增采购发票登记,界面如图 3-1-24 所示。

图 3-1-24 新增采购发票登记界面

(1) 单击"未到发票"按钮,引用相关单据。

(2) 完成付款登记后,单击"保存"按钮,保存单据。

(3) 单击"打印"按钮,对单据进行打印。采购发票样例如图 3-1-25 所示。

宁波大红鹰大宗商品商学院采购发票

第1页/共1页

日期: 2017-05-06　　　　发票号码: 02382745　　　　单据号: CGFP000617000484
开票单位: DHY广西柳州钢铁(集团)公司　　　　　　　发票类别: 增值税发票
业务部门: DHYYANSHI　　　　钢厂结算号:　　　　发票类型:
备注:

品名	材质	规格	产地	数量	重量	含税单价	含税金额	备注
DHY螺纹钢	HRB335	φ14×9	DHY济钢总厂	50	100.00	21.20	2,120.00	
DHY螺纹钢	HRB335	φ16×9	DHY济钢总厂	60	120.00	17.58	2,109.60	
DHY螺纹钢	HRB335	φ18×9	DHY济钢总厂	70	140.00	14.43	2,020.20	
		分页合计		180	360.00		6,249.80	
		总合计		180	360.00		6,249.80	

打印人: DHYYANSHI　　　打印时间: 2017-05-06 16:06:52

图 3-1-25 采购发票样例

第二节　大宗商品供应链现货销售业务

一、实验目的

● 熟悉现货模式业务的操作模式。

● 熟悉现货模式业务过程中的销售合同登记、销售实提登记、现货提单登记、销售补差登记、销售退货登记、销售退货验收收款登记、开票通知登记等具体的操作管理方法。

● 熟练掌握现货模式业务的核心思想,理解课堂知识,掌握实践技能。

二、实验背景

浙江热联钢铁供应链管理有限公司由于贸易业务需求,需要向某公司采购货物 100吨,双方就此交易签订了一份销售合同。

浙江热联的采购人员与该公司销售人员联系并提报需求物资,该公司销售人员根据客户物资需求核对系统库存后,发现当前库存满足客户需求,与之签订销售合同,合同生效后,锁定系统库存中的物资可供量,当浙江热联来该公司提货时,该公司销售人员进行销售单据登记,确定应提量,然后客户根据打印的销售提单凭证去财务室付款,付完款以后,财务会加盖财务章,客户方可去仓库提货,仓库保管员根据盖章的销售提单调度物资信息。最后对客户开出销项发票。

3 天后由于物资质量受损,双方友好协商后,该公司对此次的销售物资每吨优惠 10元,通过补差单据反映出优惠的价钱。同时,浙江热联公司也向该公司退货 5 吨,该公司同意。

三、实验步骤

(一) 现货销售流程

现货销售流程如图 3-2-1 所示。

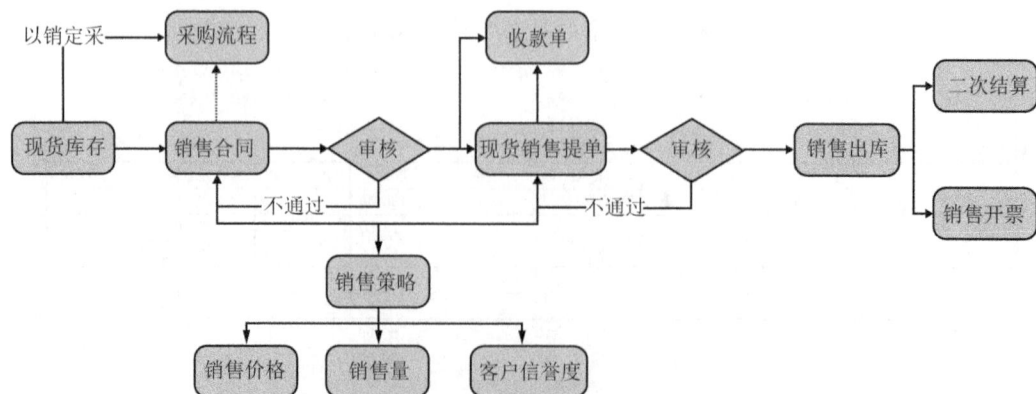

图 3-2-1　大宗商品供应链现货销售业务流程

（二）具体步骤

第 1 步：销售合同登记。

第 2 步：现货提单登记。

第 3 步：销售实提登记。

第 4 步：销售补差登记。

第 5 步：销售退货登记。

第 6 步：销售退货验收。

第 7 步：收款登记。

第 8 步：开票通知登记。

四、数据范例

（1）登记销售合同，打开单据后，结算单位为"宁波钢铁贸易公司"，单击主表的"现货物资"，选择需要销售的物资信息；品名为"可发现螺纹钢"；材质为"HRB335"；规格为"Φ14×9 米"；产地为"济钢总厂"；申请数量为"50 件"；申请重量为"100.00 吨"；含税单价为"2230.00 元"等信息，保存合同。

（2）新增现货提单登记，引用上述销售合同信息，保存单据。

（3）新增销售实提登记，引用上述现货销售信息，保存单据。

现货销售业务数据范例如表 3-2-1 所示。

表 3-2-1　现货销售业务数据范例

客户	详细信息 名称：浙江热联钢铁供应链管理有限公司（简称"浙江热联集团"） 地址：杭州市江干区钱江新城××路××街×号 联系人： 电话： 传真： 企业性质：经销商 业务介绍 　　公司成立于 2012 年 5 月，注册资本 5000 万元，是浙江热联集团下属全资子公司浙江巨擎投资有限公司投资组建的有限责任公司。自公司成立以来，与各大型钢铁企业保持着良好的业务往来，利用上下游核心客户与集团公司的业务紧密性，开展供应链模式的相关业务。			
物资相关信息	**品名：螺纹钢；材质：HRB335；产地：济钢总厂**			
	规格	申请数量	申请重量	含税单价
	Φ14×9	50	100.00	2230.00
其他信息	①每吨补差 10.00 元，补差单价负数 ②经我司同意，退货重量-5.00 吨，退货单价为原销售单价			

五、实验要求

学生依据实验步骤进行现货销售的自主练习操作。

学生在实验任务操作当中的每一个步骤,均需截图到实验报告当中,并对每个步骤进行解释说明。实验报告主要包含实验背景、实验任务、业务流程、操作过程(见实验报告模板)。业务流程要求画出该实验场景中的所有业务对应的流程图,操作过程要求对每个步骤用语言描述对应的业务场景。

六、实验操作

(一)销售合同登记

1. 菜单

进入"商贸物流管理"—"销售管理"—"合同管理"—"销售合同登记"界面。

2. 功能描述

可以进行销售合同的登记操作。

3. 界面

销售合同登记界面如图 3-2-2 所示。

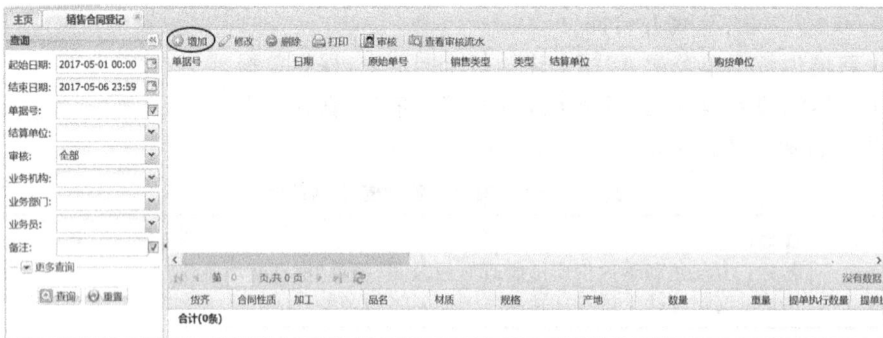

图 3-2-2 销售合同登记界面

4. 操作

单击"增加"按钮新增销售合同,界面如图 3-2-3 所示。

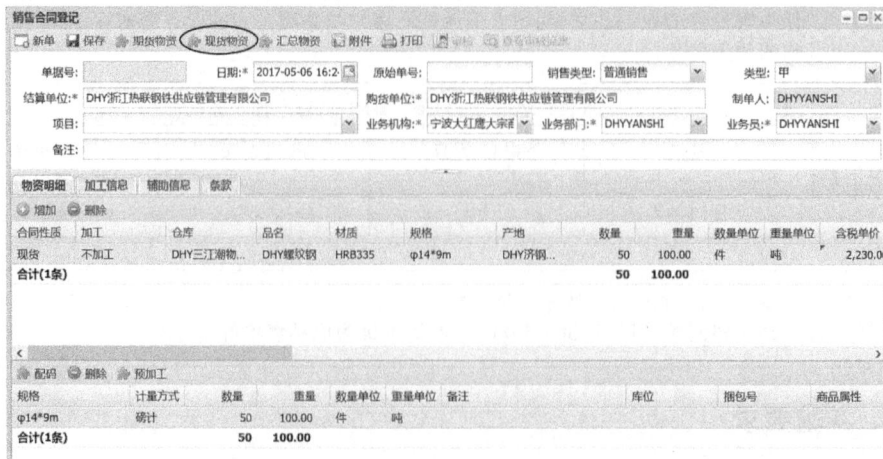

图 3-2-3 新增销售合同登记界面

44

（1）选择"结算单位"为"DHY浙江热联钢铁供应链管理有限公司"。单击"现货物资"按钮，选择入库的物资明细，并选择相应的销售合同条款。

品名：DHY螺纹钢；材质：HRB335；规格：Φ14×9米；产地：DHY济钢总厂；申请数量：50件；申请重量：100.00吨；含税单价：2230.00元。

（2）在码单中，通过"配码"按钮对合同性质为现货的合同明细进行配码；如想删除其中一条码单，可单击"删除"按钮实现。

（3）完成销售合同登记后，单击"保存"按钮，保存单据。

（4）单击"打印"按钮，对销售合同登记进行打印。销售合同样例如图3-2-4所示。

销售合同

第1页/共1页

合同日期：2017-05-06　　　　　　　　　　　　合同号：XSHT000617000586

结算单位：DHY浙江热联钢铁供应链管理有限公司　　　　履约地点：

一、标的物

品名	材质	规格	产地	数量	重量	含税单价	含税金额
DHY螺纹钢	HRB335	Φ14×9	DHY济钢总厂	50	100.00	2230.00	223,000.00
			分页合计	50	100.00		223,000.00
			总合计	50	100.00		223,000.00

购货单位：

供货单位：

第一条

产品名称、规格、质量（技术指标）单价、总价等

第二条

产品包装规格及费用

第三条

验收方法

图3-2-4　销售合同样例

（二）现货提单登记

1. 菜单

进入"商贸物流管理"—"销售管理"—"销售提单"—"现货提单登记"界面。

2. 功能描述

对销售合同进行提单和临时开单登记。

3. 界面

现货提单登记界面如图3-2-5所示。

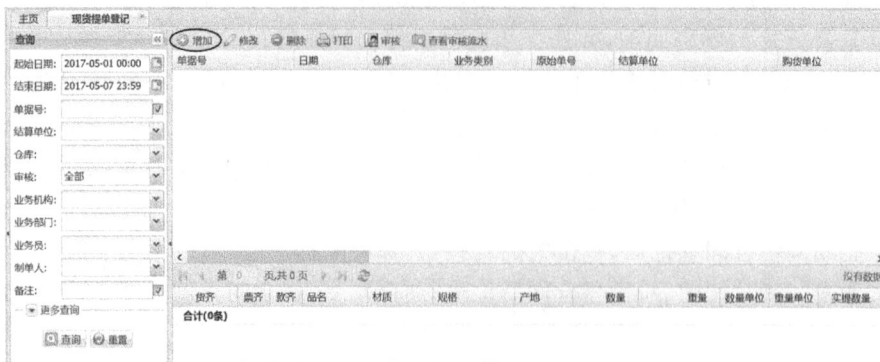

图 3-2-5　现货提单登记界面

4. 操作

单击"增加"按钮新增现货提单,界面如图 3-2-6 所示。

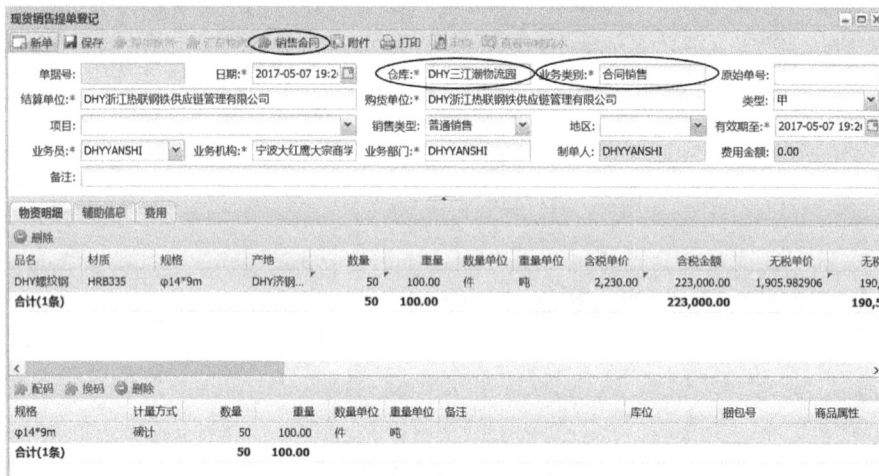

图 3-2-6　新增现货销售提单登记界面

（1）选择"仓库"为"DHY 三江潮物流园";选择"结算单位"为"DHY 浙江热联钢铁供应链管理有限公司";选择"业务类别"为"合同销售"。单击"销售合同"按钮,选择上一步操作中的销售合同明细。

品名:DHY 螺纹钢;材质:HRB335;规格:Φ14×9 米;产地:DHY 济钢总厂;申请数量:50 件;申请重量:100.00 吨;含税单价:2230.00 元。

①当选择"业务类别"为合同销售时,输入仓库后,单击"销售合同"按钮,在未完成销售合同明细中选择需要操作的销售合同。

②当选择"业务类别"为临时开单时,输入仓库和结算单位后,单击"现货物资"按钮,在现货物资明细中选择需要操作的现货物资明细。

③选择"业务类别"为临时开单时,输入仓库和结算单位后,单击"汇总物资"按钮,在现货物资汇总中选择需要操作的汇总物资。

（2）在码单中,通过"配码"按钮对明细中的物资进行配码;通过"换码"按钮对性质为配货的销售合同进行换码；单击"删除"按钮删除码单信息。

（3）完成现货提单登记后，单击"保存"按钮，保存单据。

（4）单击"打印"按钮，对现货提单登记进行打印。销售提单样例如图3-2-7所示。

宁波大红鹰大宗商品商学院销售提单

第1页/共1页

日期：2017-05-07				单据号：ZFTD000617000173			
结算单位：DHY浙江热联钢铁供应链管理有限公司				费用金额：0			
业务部门：DHYYANSHI				制单人：DHYYANSHI			
备注：							

品名	材质	规格	产地	开单数量	开单重量	含税单价	含税金额
DHY圆钢	45#	φ28	DHY柳钢	50	107.90	2300.00	248,170.00
			分页合计	50	107.90		248,170.00
			总合计	50	107.90		248,170.00

打印人：DHYYANSHI　打印时间：2017-05-07 21:53:44

图3-2-7　销售提单样例

（三）销售实提登记

1. 菜单

进入"商贸物流管理"—"仓库管理"—"实提出库"—"销售实提登记"界面。

2. 功能描述

对待实提单据进行销售实提登记。

3. 界面

销售实提登记界面如图3-2-8所示。

图3-2-8　新增销售实提登记界面

4. 操作

单击"增加"按钮新增销售实提登记，界面如图3-2-9所示。

（1）输入"仓库"为"DHY 三江潮物流园"，单击"现货提单"按钮，选择上一步操作中的现货提单明细。

（2）可在码单中，通过单击"配货"按钮对明细进行配码；也可单击"换码"按钮对引用配货性质的合同的提单进行换码；如想删除其中一条码单，可单击"删除"按钮实现。

（3）完成销售实提登记后，单击"保存"按钮，保存单据。

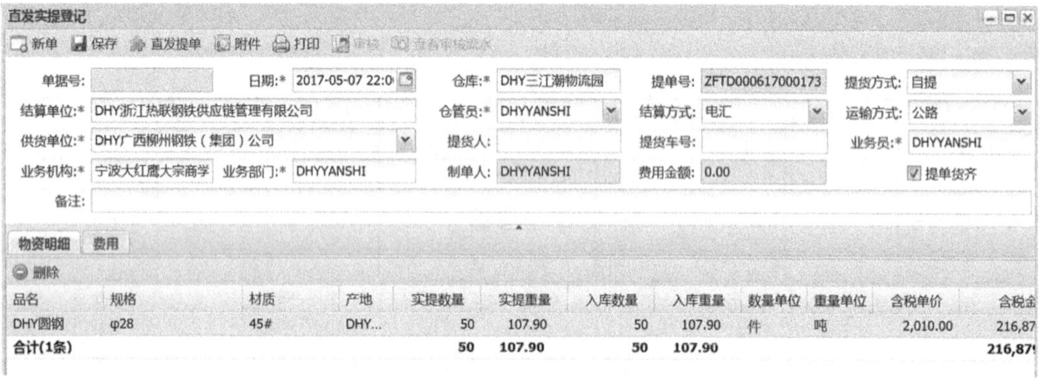

图 3 - 2 - 9　新增出库实提登记界面

（4）单击"打印"按钮，对销售实提登记进行打印。直发实提单样例如图 3 - 2 - 10 所示。

图 3 - 2 - 10　直发实提单样例

（四）销售补差登记

1. 菜单

进入"商贸物流管理"—"销售管理"—"销售补差"—"销售补差登记"界面。

2. 功能描述

对已完成的直发销售、临调销售、现货销售进行销售补差登记。

3. 界面

销售补差登记界面如图 3 - 2 - 11 所示。

图 3-2-11 销售补差登记界面

4. 操作

单击"增加"按钮新增销售补差登记,界面如图 3-2-12 所示。

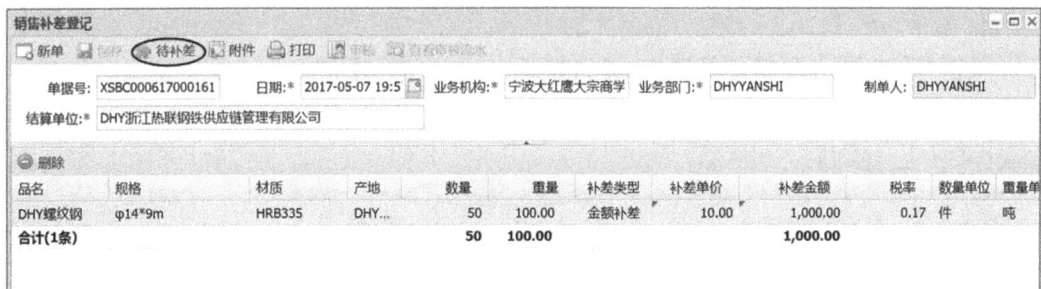

图 3-2-12 新增销售补差登记界面

（1）单击"待补差"按钮,引入相关单据,输入补差单价。

（2）完成销售补差登记后,单击"保存"按钮,保存单据。

（3）单击"打印"按钮,对销售补差登记进行打印。销售补差单样例如图 3-2-13 所示。

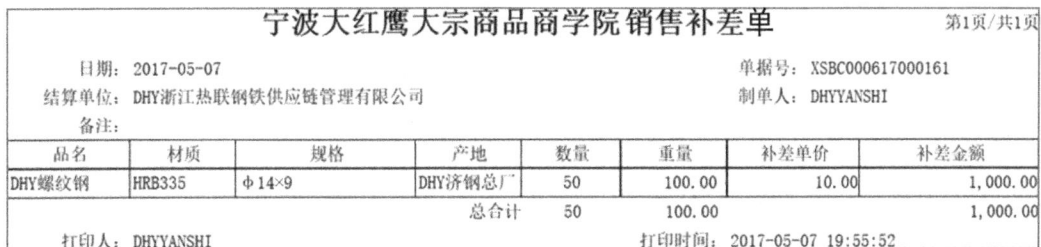

图 3-2-13 销售补差单样例

(五) 销售退货登记

1. 菜单

进入"商贸物流管理"—"销售管理"—"销售提单"—"销售退货登记"界面。

2. 功能描述

进行销售退货登记。

3. 界面

销售退货登记界面如图 3 - 2 - 14 所示。

图 3 - 2 - 14　销售退货登记界面

4. 操作

单击"增加"按钮新增销售退货，界面如图 3 - 2 - 15 所示。

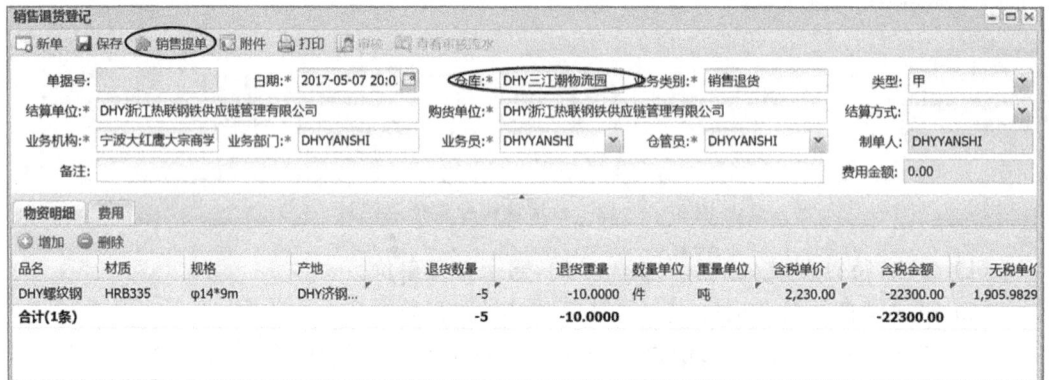

图 3 - 2 - 15　新增销售退货登记界面

（1）输入"仓库"为"DHY 三江潮物流园"，单击"销售提单"按钮，引入相关单据。

特殊情况下也可输入仓库、结算单位和购货单位后，单击明细中"增加"按钮，增加物资明细。

（2）完成销售退货登记后，单击"保存"按钮，保存单据。

（3）单击"打印"按钮，对销售退货登记进行打印。销售退货单样例如图 3 - 2 - 16 所示。

宁波大红鹰大宗商品商学院销售退货单

第1页/共1页

日期：2017-05-07　　　　　　　　　　　　单据号：XSTH000617000169
结算单位：DHY浙江热联钢铁供应链管理有限公司　　费用金额：0
业务部门：DHYYANSHI　　　　　　　　　　　制单人：DHYYANSHI
备注：

品名	材质	规格	产地	数量	重量	含税单价	含税金额
DHY螺纹钢	HRB335	φ14×9	DHY济钢总厂	-5	-10.00	2230.00	-22,300.00
			分页合计	-5	-10.00		-22,300.00
			总合计	-5	-10.00		-22,300.00

打印人：DHYYANSHI　　打印时间：2017-05-07 20:09:30

图 3-2-16　销售退货单样例

（六）销售退货验收

1. 菜单

进入"商贸物流管理"—"仓库管理"—"验收入库"—"销售退货验收"界面。

2. 功能描述

对销售退货入库进行入库验收登记。

3. 界面

销售退货验收界面如图 3-2-17 所示。

图 3-2-17　销售退货验收界面

4. 操作

单击"增加"按钮新增销售退货验收登记，界面如图 3-2-18 所示。

（1）选择仓库为"DHY 三江潮物流园"。单击"销售退货"按钮，引入相关单据。

（2）完成销售退货验收登记后，单击"保存"按钮，保存单据。

（3）单击"打印"按钮，对销售退货验收进行打印。销售退货验收单样例如图 3-2-19 所示。

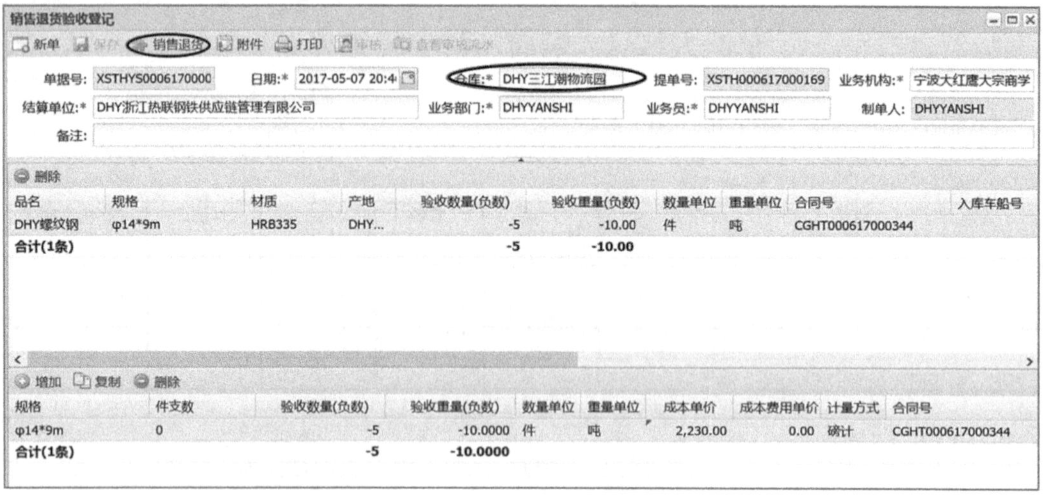

图 3-2-18　新增销售退货验收登记界面

图 3-2-19　销售退货验收单样例

(七) 收款登记

1. 菜单

进入"商贸物流管理"—"资金管理"—"收款管理"—"收款登记"界面。

2. 功能描述

用于记录销售业务或公司其他业务收入资金的收款情况。

3. 界面

收款登记界面如图 3-2-20 所示。

图 3-2-20　收款登记界面

4. 操作

单击"增加"按钮新增收款登记,界面如图 3-2-21 所示。

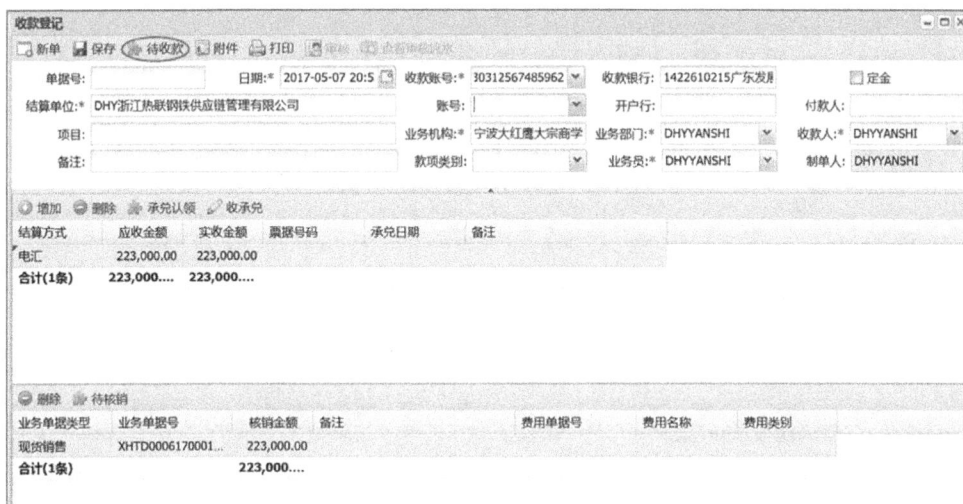

图 3-2　21　新增收款登记操作界面

(1) 单击"待收款"按钮,选择未收款列表中的单据做收款登记。

(2) 完成收款登记后,单击"保存"按钮,保存单据。

(3) 单击"打印"按钮,对单据进行打印。收款单样例如图 3-2-22 所示。

宁波大红鹰大宗商品商学院收款单

第1页/共1页

单据号: SK000617000518	收款日期: 2017-05-07	收款人: DHYYANSHI
结算单位: DHY浙江热联钢铁供应链管理有限公司		业务部门: DHYYANSHI
是否定金: 否		制单人: DHYYANSHI
备注:		

结算方式	实收金额	票据号码	承兑日期	备注
电汇	223,000.00			
合计	223,000.00	打印人: DHYYANSHI		打印日期: 2017-05-07 20:55:42

图 3-2-22　收款单样例

（八）开票通知登记

1. 菜单

进入"商贸物流管理"—"应收应付"—"销项发票"—"开票通知登记"界面。

2. 功能描述

开具销售发票的依据。

3. 界面

开票通知登记界面如图 3-2-23 所示。

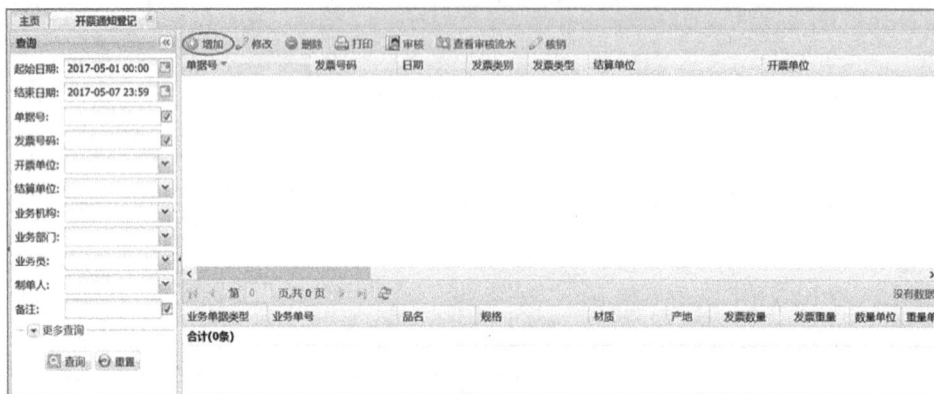

图 3-2-23　开票通知登记界面

4. 操作

单击"增加"按钮新增单据,界面如图 3-2-24 所示。

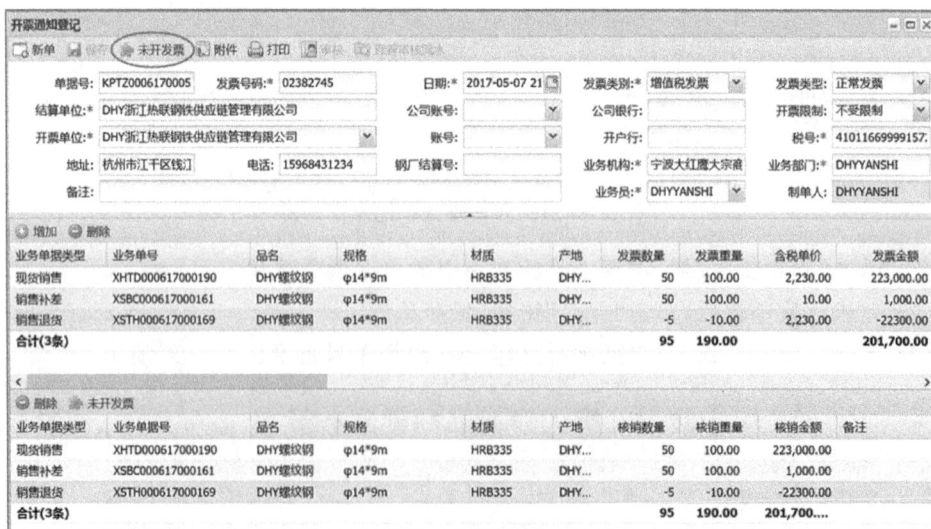

图 3-2-24　新增开票通知登记界面

（1）单击"未开发票",选择要登记的单据,增加到明细中,可以修改明细中的信息,单击"删除"按钮可对明细进行删除。开票通知单样例如图 3-2-25 所示。

宁波大红鹰大宗商品商学院开票通知单

日期：2017-05-07　　　　　发票号码：02382745　　　　单据号：KPTZ000617000517

结算单位：DHY浙江热联钢铁供应链管理有限公司　　　发票类别：增值税发票

业务部门：DHYYANSHI　　　　　　　　　　　　　发票类型：正常发票

备注：

品名	材质	规格	产地	数量	重量（吨）	含税单价（元）	含税金额	备注
DHY螺纹钢	HRB335	Φ14×9	DHY济钢总厂	50	100.00	2230.00	223,000.00	
DHY螺纹钢	HRB335	Φ14×9	DHY济钢总厂	50	100.00	10.00	1,000.00	
DHY螺纹钢	HRB335	Φ14×9	DHY济钢总厂	-5	-10.00	2230.00	-22,300.00	
			分页合计	95	190.00			
			总合计	95	190.00			

图 3-2-25　开票通知单样例

（2）完成开票通知登记后，单击"保存"按钮，保存单据。

（3）单击"打印"按钮，对开票通知单进行打印。

第三节　大宗商品供应链直发销售业务

一、实验目的

● 熟悉直发销售业务的操作模式。

● 熟悉直发销售业务过程中的采购合同登记、销售合同登记、直发销售提单登记、直发实提登记、收款登记、开票通知登记、付款申请登记、付款登记、采购发票登记等具体的操作管理方法。

● 熟练掌握直发销售业务的核心思想，理解课堂知识，掌握实践技能。

二、实验背景

浙江热联钢铁供应链管理有限公司（以下简称"浙江热联"）由于贸易业务需求，需要向某公司采购货物107.90吨，该公司就此交易签订了一份销售合同。

浙江热联的采购人员与该公司销售人员联系并提报需求物资，该公司销售人员根据客户物资需求核对系统库存后，发现当前库存无此物资，但是该公司在此之前与广西柳州钢铁（集团）公司签订了一份采购合同，合同物资符合客户要求，因此与浙江热联签订销售合同，合同生效后，锁定该采购合同的执行量，并通知广西柳钢公司将物资发到浙江热联指定的仓库（DHY三江潮物流园）。当钢厂物资发出后，钢厂通知该公司采购部门人员，采购部门人员将发货物资信息通知销售部门，该公司销售人员接到通知后在系统中进行销售单据登记，浙江热联收到货物以后，验收确定实际的收货量；该公司销售人员在系统中记录最终客户的实提量，以及与上游供应商的结算量，然后浙江热联把货款支付给该公司，该公司开具相应的销项发票，同时该公司把货款支付给上游供应商,待上游发票收到后,该公司登记进项发票登记。

三、实验步骤

（一）直发销售业务流程

直发销售业务流程如图3-3-1所示。

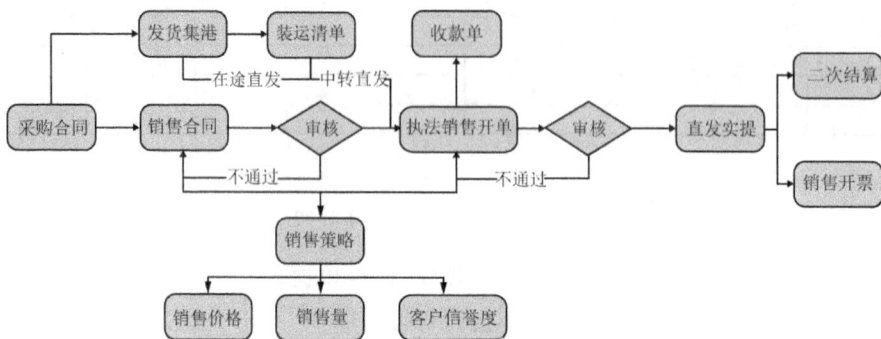

图3-3-1 大宗商品供应链直发销售业务流程

（二）具体步骤

第1步：采购合同登记。

第2步：销售合同登记。

第3步：直发销售提单登记。

第4步：直发实提登记。

第5步：收款登记。

第6步：开票通知登记。

第7步：付款申请登记。

第8步：付款登记。

第9步：采购发票登记。

四、数据范例

（1）登记采购合同,打开单据后,选择结算单位为"DHY广西柳州钢铁（集团）公司"。单击明细的"增加"按钮,选择需要销售的物资信息。

品名：圆钢;材质：45♯;规格：Φ28;产地：DHY凌源;含税单价：2010.00元。

（2）新增直发销售提单,销售单位为"DHY浙江热联钢铁供应链管理有限公司";单价为2230.00元,引用上述采购合同信息,保存单据。

（3）新增直发实提登记,引用上述直发提单信息,保存单据（单价和供货单位源自采购合同）。

直发销售业务数据范例如表3-3-1所示。

表 3 - 3 - 1 直发销售业务数据范例

客户	详细信息 名称：浙江热联钢铁供应链管理有限公司(简称"浙江热联") 地址：杭州市江干区钱江新城××路××街 8 号 联系人： 电话： 传真： 企业性质：经销商 **业务介绍** 　　公司成立于 2012 年 5 月,注册资本 5000 万元,是浙江热联下属全资子公司浙江巨擎投资有限公司投资组建的有限责任公司。自公司成立以来,与各大型钢铁企业保持着良好的业务往来,利用上下游核心客户与集团公司的业务紧密性,开展供应链模式的相关业务。

物资相关信息	品名：圆钢；材质：45♯；产地：凌源				
	规格	申请数量	申请重量	采购单价	销售单价
	Φ28	50	107.90	2010.00	2230.00

五、实验要求

学生依据实验步骤进行直发销售业务的自主练习操作。

学生在实验任务操作中的每一个步骤,均需截图到实验报告当中,并对每个步骤进行解释说明。实验报告主要包含实验背景、实验任务、业务流程、操作过程(见实验报告模板)。业务流程要求画出该实验场景中的所有业务对应的流程图,操作过程要求对每步骤用语言描述对应的业务场景。

(一) 采购合同登记

1. 菜单

进入"商贸物流管理"—"采购管理"—"采购合同"—"采购合同登记"界面。

2. 功能描述

对采购计划进行合同登记或者直接登记采购合同。

3. 界面

采购合同登记界面如图 3 - 3 - 2 所示。

图 3 - 3 - 2 采购合同登记界面

4. 操作

单击"增加"按钮新增采购合同登记,界面如图 3-3-3 所示。

图 3-3-3 新增采购合同登记界面

（1）选择"结算单位"为"DHY 广西柳州钢铁（集团）公司"。单击物资明细下的"增加"按钮选择采购合同明细。

品名：DHY 圆钢；材质：45♯；规格：Φ28；产地：DHY 凌源；仓库：DHY 三江潮物流园；申请数量：50 件；申请重量：107.90 吨；含税单价：2300.00 元。

（2）单击附表中的"条款"按钮为采购合同设置条款。

（3）完成采购合同登记后,单击"保存"按钮,保存单据。

（4）单击"打印"按钮,对采购合同进行打印。采购合同样例如图 3-3-4 所示。

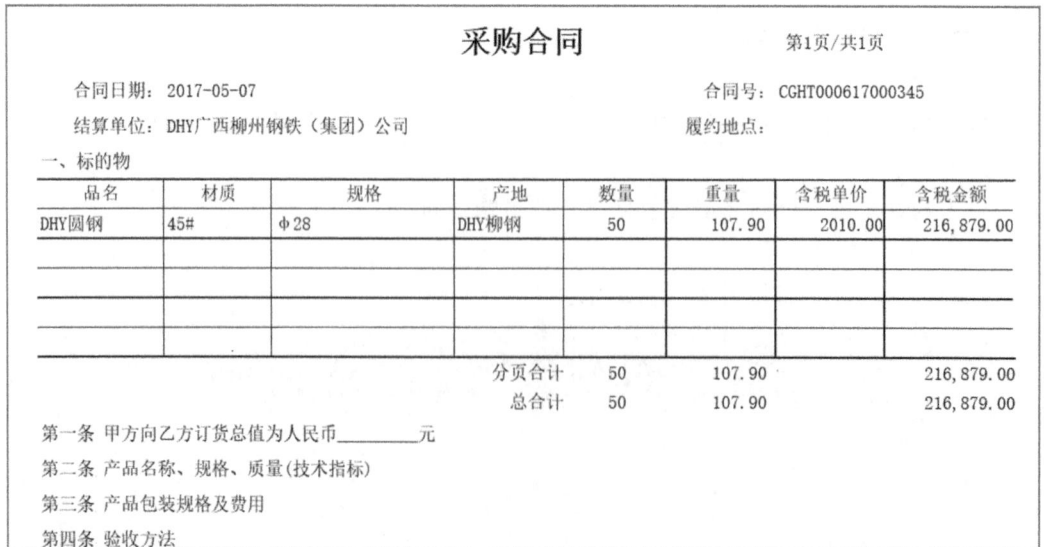

采购合同

第1页/共1页

合同日期：2017-05-07　　　　　　　　　　合同号：CGHT000617000345

结算单位：DHY广西柳州钢铁（集团）公司　　　履约地点：

一、标的物

品名	材质	规格	产地	数量	重量	含税单价	含税金额
DHY圆钢	45#	Φ28	DHY柳钢	50	107.90	2010.00	216,879.00
			分页合计	50	107.90		216,879.00
			总合计	50	107.90		216,879.00

第一条 甲方向乙方订货总值为人民币_____元

第二条 产品名称、规格、质量(技术指标)

第三条 产品包装规格及费用

第四条 验收方法

图 3-3-4 采购合同样例

(二) 销售合同登记

1. 菜单

进入"商贸物流管理"—"销售管理"—"合同管理"—"销售合同登记"界面。

2. 功能描述

可以进行销售合同的登记操作。

3. 界面

销售合同登记界面如图 3-3-5 所示。

图 3-3-5 销售合同登记界面

4. 操作

单击"增加"按钮新增销售合同,界面如图 3-3-6 所示。

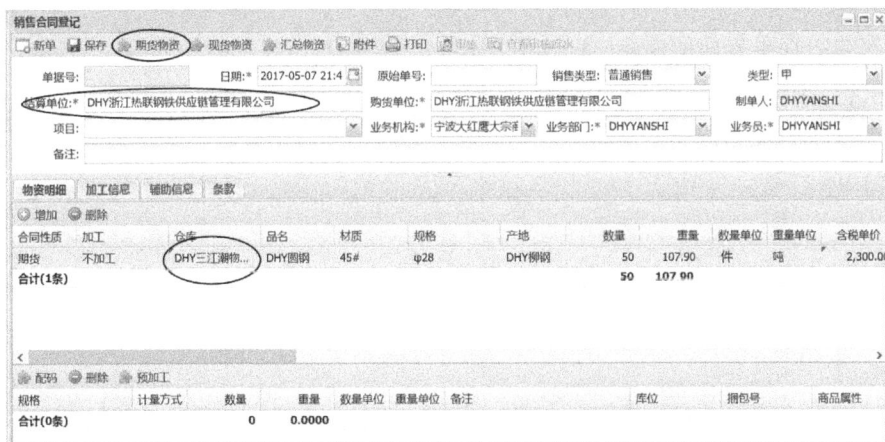

图 3-3-6 新增销售合同登记界面

(1) 选择"结算单位"为"DHY 浙江热联钢铁供应链管理有限公司"。单击"期货物资"按钮,选择采购合同的物资明细。

品名:DHY 圆钢;材质:45♯;规格:Φ28;产地:DHY 柳钢;仓库:DHY 三江潮物流园;申请数量:50 件;申请重量:107.90 吨;含税单价:2300.00 元。

(2) 单击"条款"按钮为销售合同增加对应条款。期货或配货不允许配码。

(3) 完成销售合同登记后,单击"保存"按钮,保存单据。

（4）单击"打印"按钮，对销售合同登记进行打印。销售合同样例如图 3-3-7 所示。销售合同引用期货物资采购合同可修改数量和重量。

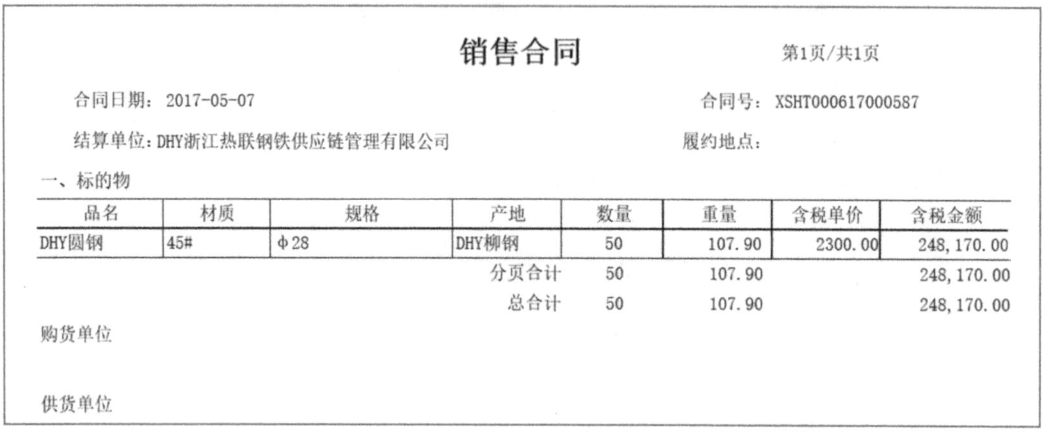

销售合同

第1页/共1页

合同日期：2017-05-07　　　　　　　　　　　　合同号：XSHT000617000587

结算单位：DHY浙江热联钢铁供应链管理有限公司　　　履约地点：

一、标的物

品名	材质	规格	产地	数量	重量	含税单价	含税金额
DHY圆钢	45#	Φ28	DHY柳钢	50	107.90	2300.00	248,170.00
			分页合计	50	107.90		248,170.00
			总合计	50	107.90		248,170.00

购货单位

供货单位

图 3-3-7　销售合同样例

(三) 直发销售提单登记

1. 菜单

进入"商贸物流管理"—"销售管理"—"销售提单"—"直发销售提单"界面。

2. 功能描述

对销售合同进行直发提单或者对期货物资进行直发提单登记。

3. 界面

直发销售提单界面如图 3-3-8 所示。

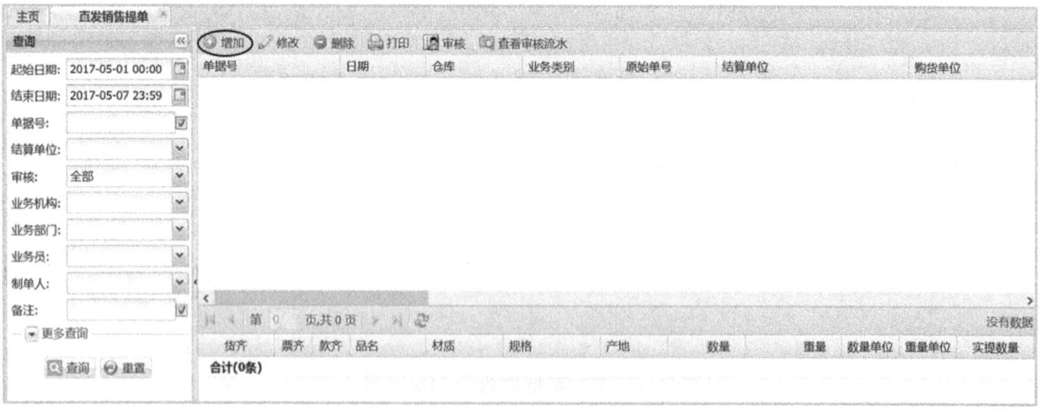

图 3-3-8　直发销售提单界面

4. 操作

单击"增加"按钮新增直发销售提单，界面如图 3-3-9 所示。

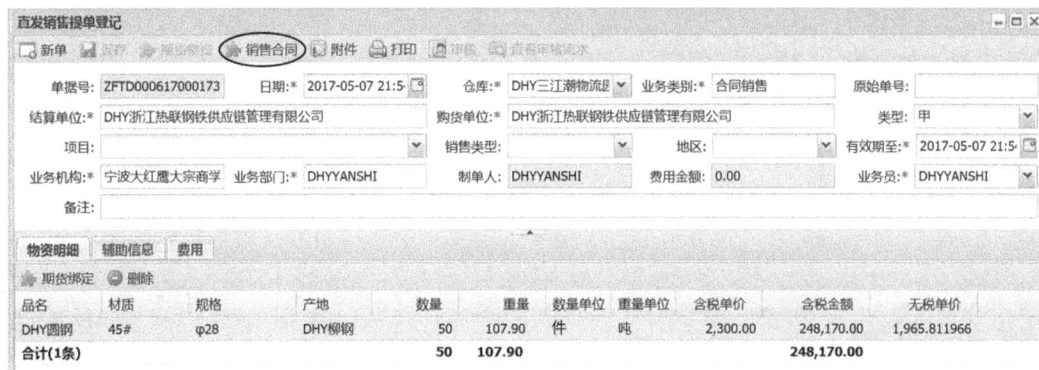

图 3 - 3 - 9　直发销售提单登记

（1）单击"销售合同"按钮,选择之前登记的销售合同明细。

（2）完成直发销售提单登记后,单击"保存"按钮,保存单据。

（3）单击"打印"按钮,对直发销售提单登记进行打印。销售提单样例如图 3 - 3 - 10
所示。

宁波大红鹰大宗商品商学院销售提单

第1页/共1页

日期：	2017-05-07				单据号：	ZFTD000617000173	
结算单位：	DHY浙江热联钢铁供应链管理有限公司				费用金额：	0	
业务部门：	DHYYANSHI				制单人：	DHYYANSHI	
备注：							

品名	材质	规格	产地	开单数量	开单重量	含税单价	含税金额
DHY圆钢	45#	φ28	DHY柳钢	50	107.90	2300.00	248,170.00
			分页合计	50	107.90		248,170.00
			总合计	50	107.90		248,170.00
			打印人：DHYYANSHI		打印时间：2017-05-07 21:53:44		

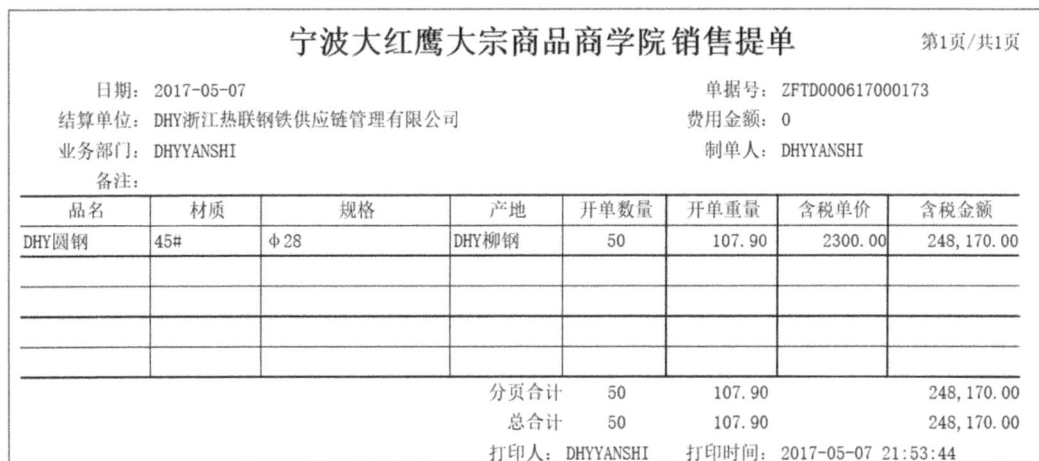

图 3 - 3 - 10　销售提单样例

(四) 直发实提登记

1. 菜单

进入"商贸物流管理"—"仓库管理"—"实提出库"—"直发实提登记"界面。

2. 功能描述

对直发提单进行直发实提登记。

3. 界面

直发实提登记界面如图 3 - 3 - 11 所示。

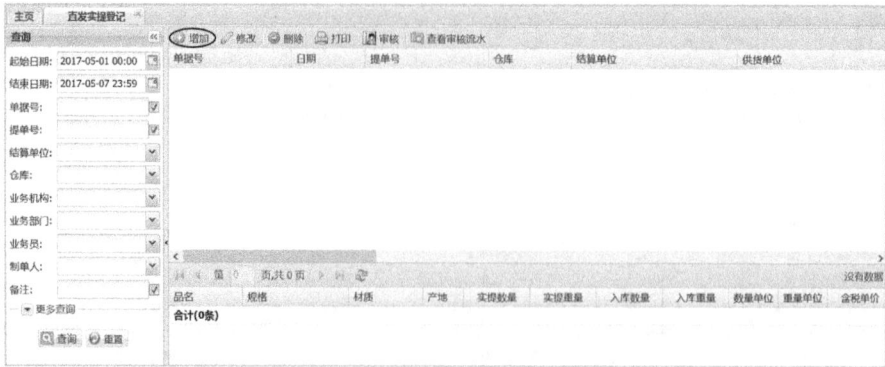

图 3 - 3 - 11　直发实提登记界面

4. 操作

单击"增加"按钮新增直发实提登记,界面如图 3 - 3 - 12 所示。

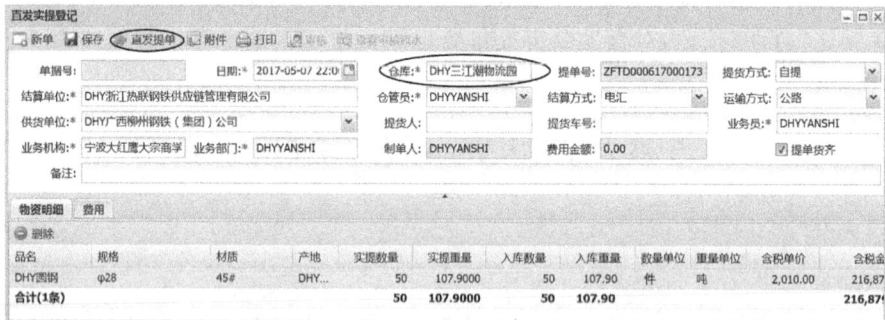

图 3 - 3 - 12　新增直发实提登记界面

(1) 选择"仓库"为"DHY 三江潮物流园"。单击"直发提单"按钮,在销售提单列表中选择要操作的直发提单。

(2) 完成直发实提登记后,单击"保存"按钮,保存单据。

(3) 单击"打印"按钮,对直发实提登记进行打印。直发实提单样例如图 3 - 3 - 13 所示。

图 3 - 3 - 13　直发实提单样例

(五) 收款登记

1. 菜单

进入"商贸物流管理"—"资金管理"—"收款管理"—"收款登记"界面。

2. 功能描述

用于记录销售业务或公司其他业务收入资金的收款情况。

3. 界面

收款登记界面如图 3-3-14 所示。

图 3-3-14　收款登记界面

4. 操作

单击"增加"按钮新增收款登记,界面如图 3-3-15 所示。

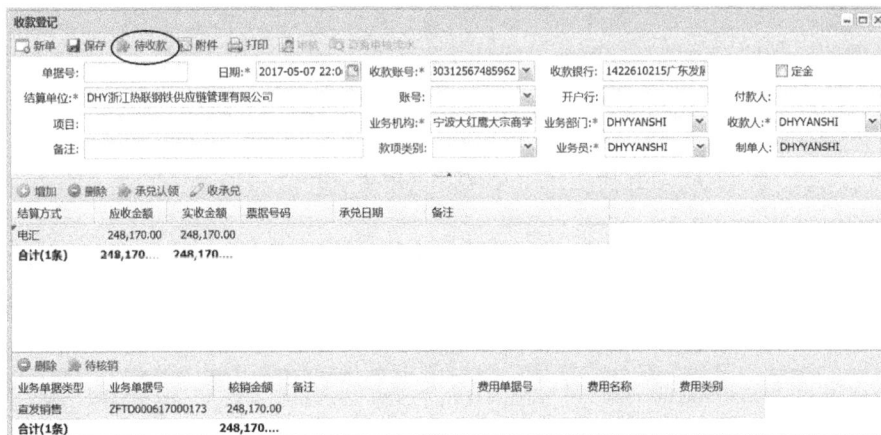

图 3-3-15　新增收款登记界面

(1) 单击"待收款"按钮,选择未收款列表中的单据做收款登记。

(2) 完成收款登记后,单击"保存"按钮,保存单据。

(3) 单击"打印"按钮,对单据进行打印。收款单样例如图 3-3-16 所示。

宁波大红鹰大宗商品商学院收款单

第1页/共1页

单据号：SK000617000519 收款日期：2017-05-07 收款人：DHYYANSHI
结算单位：DHY浙江热联钢铁供应链管理有限公司 业务部门：DHYYANSHI
是否定金：否 制单人：DHYYANSHI
备注：

结算方式	实收金额	票据号码	承兑日期	备注
电汇	248,170.00			
合计	248,170.00	打印人：DHYYANSHI		打印日期：2017-05-07 22:05:02

图 3-3-16 收款单样例

（六）开票通知登记

1. 菜单

进入"商贸物流管理"—"应收应付"—"销项发票"—"开票通知登记"界面。

2. 功能描述

开票通知登记为开具销售发票的依据。

3. 界面

开票通知登记界面如图 3-3-17 所示。

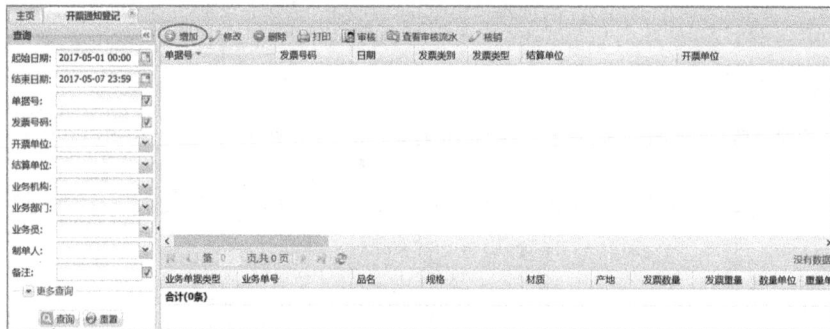

图 3-3-17 开票通知登记界面

4. 操作

单击"增加"按钮新增单据，界面如图 3-3-18 所示。

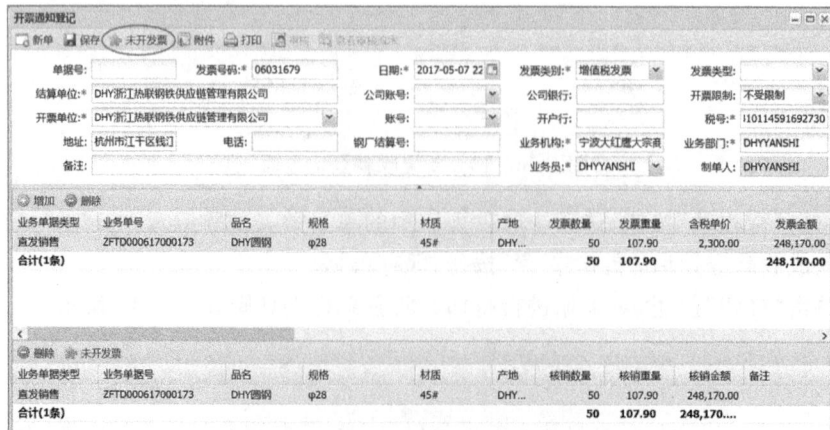

图 3-3-18 新增开票通知登记界面

（1）单击"未开发票"按钮，选择要登记的单据，增加到明细中。

（2）完成开票通知登记后，单击"保存"按钮，保存单据。

（3）单击"打印"按钮，对开票通知进行打印。开票通知样例如图 3 - 3 - 19 所示。

图 3 - 3 - 19　开票通知样例

（七）付款申请登记

1. 菜单

进入"商贸物流管理"—"资金管理"—"付款管理"—"付款申请登记"界面。

2. 功能描述

用于采购业务或公司其他业务支出的资金申请。

3. 界面

付款申请登记界面如图 3 - 3 - 20 所示。

图 3 - 3 - 20　付款申请登记界面

4. 操作

单击"增加"按钮新增付款申请登记，界面如图 3 - 3 - 21 所示。

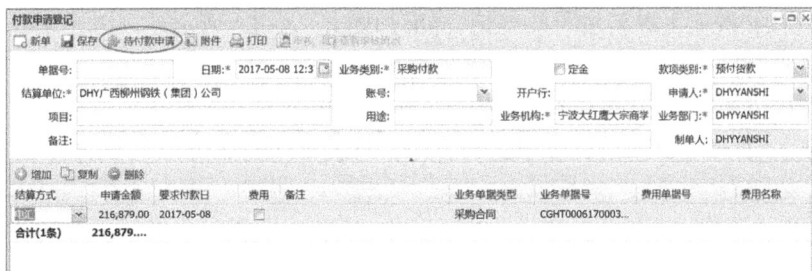

图 3 - 3 - 21　新增付款申请登记界面

（1）单击"待付款申请"按钮，调用"待付款申请"的内容，选择要登记的单据，增加到明细中。

（2）完成付款申请登记后，单击"保存"按钮，保存单据。

（3）单击"打印"按钮，对付款申请单进行打印。付款申请单样例如图 3-3-22 所示。

宁波大红鹰大宗商品商学院付款申请单							第1页/共1页
单据号：FKSQ000617000530		日期：2017-05-08			业务类别：采购付款		
结算单位：DHY广西柳州钢铁（集团）公司					款项类型：预付货款		
账号：					开户行：		
备注：					申请人：DHYYANSHI		
结算方式	要求付款日	费用	申请金额	业务单据类型	业务单据号	费用名称	备注
电汇	2017-05-08	否	216,879.00	采购合同	CGHT000617000345		
合计			216,879.00				
业务部门：DHYYANSHI		打印人：DHYYANSHI			打印日期：2017-05-08 12:35:23		

图 3-3-22　付款申请单样例

（八）付款登记

1. 菜单

进入"商贸物流管理"—"资金管理"—"付款管理"—"付款登记"界面。

2. 功能描述

用于记录采购业务或公司其他业务支出资金的付款情况。

3. 界面

付款登记界面如图 3-3-23 所示。

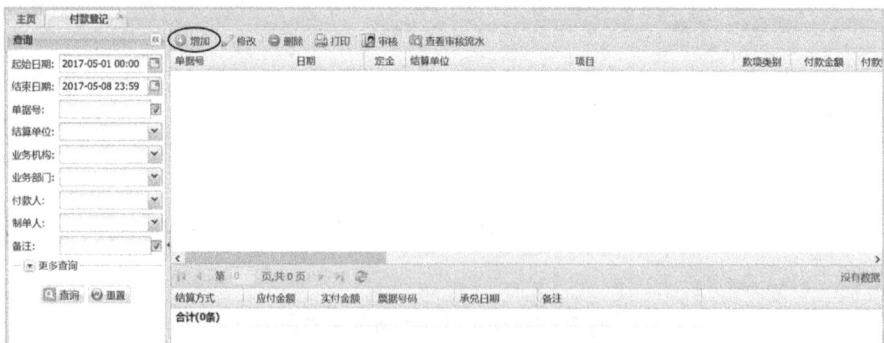

图 3-3-23　付款登记界面

4. 操作

单击"增加"按钮可以新增付款登记，界面如图 3-3-24 所示。

（1）单击"付款申请"按钮，引用付款申请单据。

（2）完成付款登记后，单击"保存"按钮，保存单据。

（3）单击"打印"按钮，对付款单进行打印。付款单样例如图 3-3-25 所示。

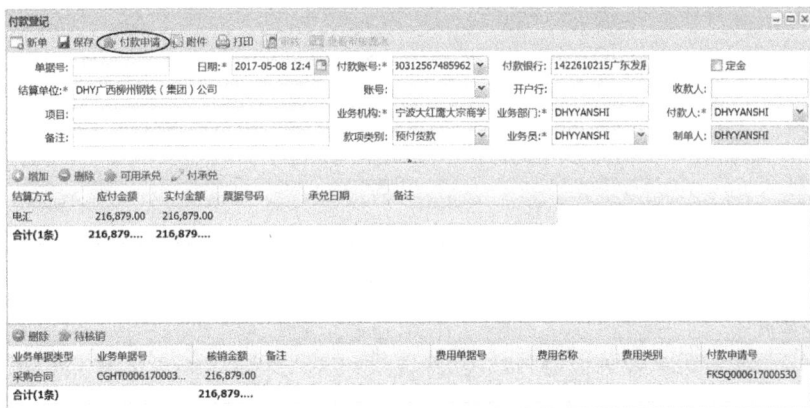

图 3-3-24 新增付款登记界面

图 3-3-25 付款单样例

(九) 采购发票登记

1.菜单

进入"商贸物流管理"—"应收应付"—"进项发票"—"采购发票登记"界面。

2.功能描述

用于记录采购的发票。

3.界面

采购发票登记界面如图 3-3-26 所示。

图 3-3-26 采购发票登记界面

4. 操作

单击"增加"按钮新增单据,界面如图 3-3-27 所示。

图 3-3-27　新增采购发票登记界面

(1) 单击"未到发票",选择要登记的单据,增加到明细中。

(2) 完成后,单击"保存"按钮,保存单据。

(3) 单击"打印"按钮,对付款申请单进行打印。采购发票样例如图 3-3-28 所示。

宁波大红鹰大宗商品商学院采购发票　第1页/共1页

日期:2017-05-08　　　发票号码:04196977　　　单据号:CGFP000617000485
开票单位: DHY广西柳州钢铁(集团)公司　　　发票类别:增值税发票
业务部门: DHYYANSHI　　　钢厂结算号:　　　发票类型:
备注:

品名	材质	规格	产地	数量	重量	含税单价	含税金额	备注
DHY圆钢	45#	φ28	DHY柳钢	50	107.90	2010.00	216,879.00	
			分页合计	50	107.90		216,879.00	
			总合计	50	107.90		216,879.00	

打印人: DHYYANSHI　　打印时间: 2017-05-08 12:44:18

图 3-3-28　采购发票样例

第四节　大宗商品供应链临调销售业务

一、实验目的

● 熟悉临调销售业务的操作模式。

● 熟悉临调业务过程中的销售合同登记、临调提单登记、临调实提登记、收款登记、开票通知登记、付款申请登记、付款登记、采购发票登记等具体业务的操作管理方法。

● 熟练掌握临调业务的核心思想,理解课堂知识,掌握实践技能。

二、实验背景

湖州钢铁贸易有限公司(湖州钢贸)由于贸易业务需求,需要向某公司采购货物43.16吨,双方就此交易签订了一份销售合同。

湖州钢贸的采购人员与该公司销售人员联系并提报需求物资,该公司销售人员根据客户物资需求核对系统库存后,发现当前库存无此物资,该公司销售人员将客户的需求通知给采购人员,采购人员在市场上找到对应的物资后(宁波钢铁有限公司),与宁波钢铁有限公司销售人员沟通物资需求,达成购买意向后,该公司销售人员与湖州钢贸签订销售合同。合同生效后,该公司销售人员在系统中进行销售单据登记,通知客户到宁波钢铁有限公司物资存放地(三江潮物流园)提货,湖州钢贸提完货物以后,验收实际的提货量。该公司销售人员在系统中记录最终客户的实提量,以及与宁波钢铁有限公司的采购结算量,然后湖州钢贸把货款支付给该公司,该公司开具相应的销项发票,同时该公司把货款支付给宁波钢铁有限公司。宁波钢铁有限公司开出发票,该公司收到发票后,财务人员在系统中登记进项发票。

三、实验步骤

(一)临调销售业务流程

大宗商品供应链临调销售业务流程如图3-4-1所示。

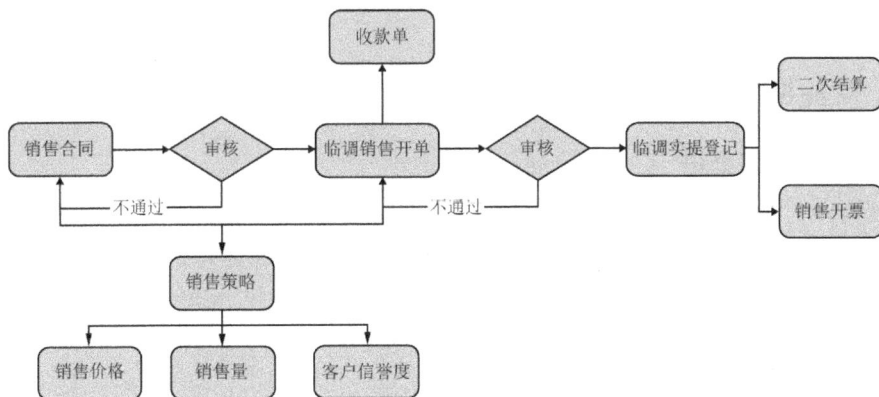

图3-4-1　大宗商品供应链临调销售业务流程

(二)具体步骤

第1步:销售合同登记。

第2步:临调提单登记。

第3步:临调实提登记。

第4步:收款登记。

第 5 步：开票通知登记。

第 6 步：付款申请登记。

第 7 步：付款登记。

第 8 步：采购发票登记。

四、数据范例

临调销售业务数据范例如表 3-4-1 所示。

表 3-4-1　临调销售业务数据范例

客户	湖州钢铁贸易有限公司				
供应商	宁波钢铁有限公司				
物资相关信息	品名：矩形管；材质：Q235；产地：河北；仓库：三江潮物流园				
	规格	申请数量	申请重量	采购单价	销售单价
	30×40×3.0×6	20	43.16	1980.00	2230.00

五、实验要求

学生依据实验步骤进行临调销售的自主练习操作。

学生在实验任务操作当中的每一个步骤，均需截图到实验报告当中，并对每个步骤进行解释说明。实验报告主要包含实验背景、实验任务、业务流程、操作过程(见实验报告模板)。业务流程要求画出该实验场景中的所有业务对应的流程图，操作过程要求对每步骤用语言描述对应的业务场景。

六、实验操作

(一) 销售合同登记

1. 菜单

进入"商贸物流管理"—"销售管理"—"合同管理"—"销售合同登记"界面。

2. 功能描述

可以进行销售合同的登记操作。

3. 界面

销售合同登记界面如图 3-4-2 所示。

图 3 - 4 - 2 销售合同登记界面

4. 操作

单击"增加"按钮新增销售合同,界面如图 3 - 4 - 3 所示。

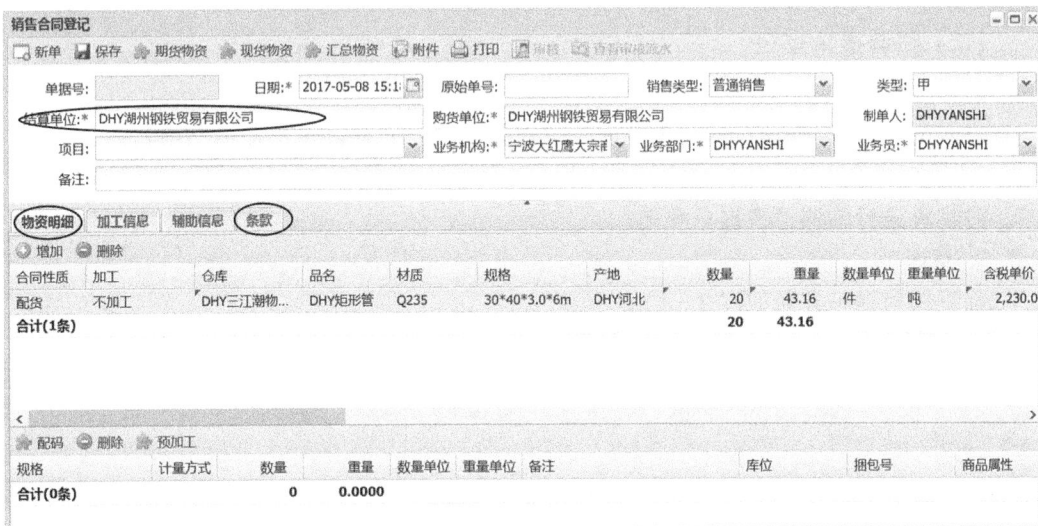

图 3 - 4 - 3 新增销售合同登记界面

(1)选择结算单位为"DHY 湖州钢铁贸易有限公司"。单击物资明细下的"增加"按钮,选择物资代码信息,明细如下。

品名:DHY 矩形管(管材);材质:Q235;规格:30×40×3×6 米;产地:DHY 河北;仓库:DHY 三江潮物流园;数量:20 件;重量 43.16 吨;含税单价:2230.00 元/吨。

(2)完成销售合同登记后,单击"保存"按钮,保存单据。

(3)单击"打印"按钮,对销售合同登记进行打印。销售合同样例如图 3 - 4 - 4 所示。

图 3 - 4 - 4　销售合同样例

(二) 临调提单登记

1. 菜单

进入"商贸物流管理"—"销售管理"—"销售提单"—"临调销售提单"界面。

2. 功能描述

对物资进行临调销售提单登记。

3. 界面

临调销售提单界面如图 3 - 4 - 5 所示。

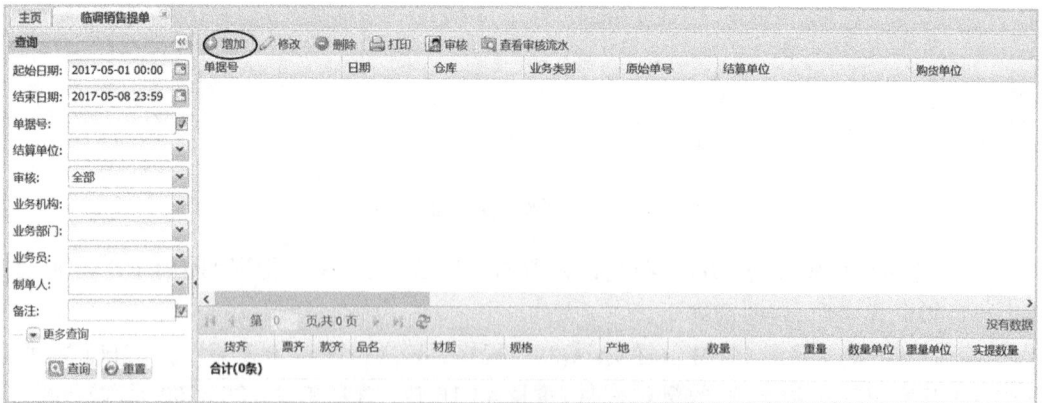

图 3 - 4 - 5　临调销售提单界面

4. 操作

单击"增加"按钮新增临调提单,界面如图 3 - 4 - 6 所示。

图 3-4-6　新增临调销售提单登记界面

（1）选择"结算单位"为"DHY 湖州钢铁贸易有限公司"，"仓库"为"DHY 三江潮物流园"。单击"销售合同"按钮，选择"业务类别"为"合同销售"。选择上一步操作中的销售合同明细。

品名：DHY 矩形管；材质：Q235；规格：30×40×3×6 米；产地：DHY 河北；数量：20 件；重量 43.16 吨；含税单价：2230.00 元/吨。

（2）完成临调提单登记后，单击"保存"按钮，保存单据。

（3）单击"打印"按钮，对临调提单登记进行打印。销售提单样例如图 3-4-7 所示。

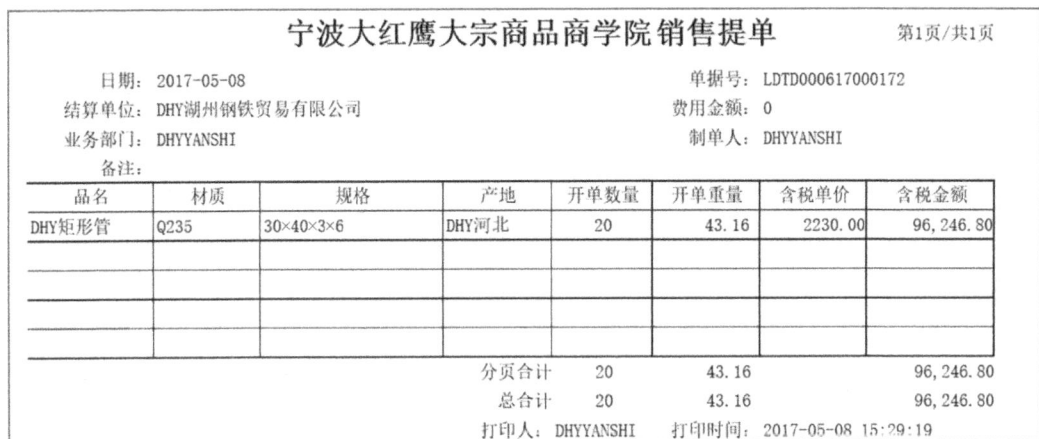

宁波大红鹰大宗商品商学院销售提单

第1页/共1页

日期：2017-05-08　　　　　　　　　　　单据号：LDTD000617000172
结算单位：DHY湖州钢铁贸易有限公司　　　费用金额：0
业务部门：DHYYANSHI　　　　　　　　　　制单人：DHYYANSHI
备注：

品名	材质	规格	产地	开单数量	开单重量	含税单价	含税金额
DHY矩形管	Q235	30×40×3×6	DHY河北	20	43.16	2230.00	96,246.80
			分页合计	20	43.16		96,246.80
			总合计	20	43.16		96,246.80

打印人：DHYYANSHI　　　打印时间：2017-05-08 15:29:19

图 3-4-7　销售提单样例

（三）临调实提登记

1. 菜单

进入"商贸物流管理"—"实提出库"—"临调实提登记"界面。

2. 功能描述

对临调提单进行临调实提登记。

3. 界面

临调实提登记界面如图 3-4-8 所示。

图 3-4-8　临调实提登记界面

4.操作

单击"增加"按钮新增临调实提登记,界面如图 3-4-9 所示。

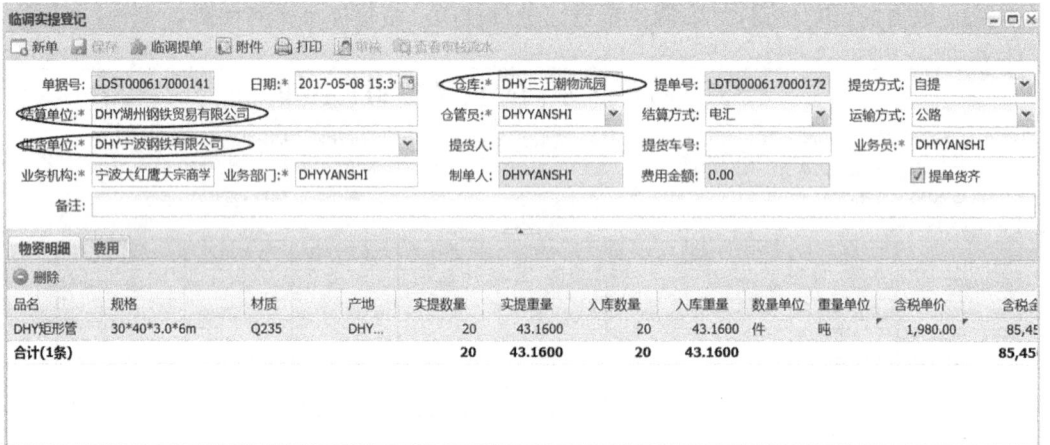

图 3-4-9　新增临调实提登记界面

(1)输入"仓库"为"DHY 三江潮物流园";输入"结算单位"为"DHY 湖州钢铁贸易有限公司";输入"供货单位"为"DHY 宁波钢铁有限公司"。单击"临调提单"按钮,在销售提单列表中选择要操作的临调提单明细。

品名:DHY 矩形管(管材);材质:Q235;规格:30×40×3×6 米;产地:DHY 河北;数量:20 件;重量 43.16 吨;含税单价:2230.00 元/吨。

注:结算单位与供货单位不相同。

(2)完成临调实提登记后,单击"保存"按钮,保存单据。

(3)单击"打印"按钮,对临调实提登记进行打印。临调实提样例如图 3-4-10 所示。

图 3 - 4 - 10　临调实提单样例

（四）收款登记

1. 菜单

进入"商贸物流管理"—"资金管理"—"收款管理"—"收款登记"界面。

2. 功能描述

用于记录销售业务或公司其他业务收入资金的收款情况。

3. 界面

收款登记界面如图 3 - 4 - 11 所示。

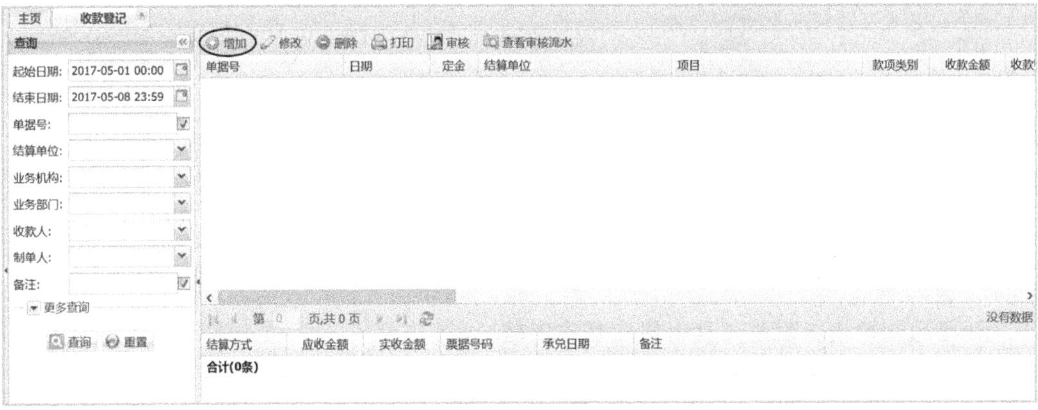

图 3 - 4 - 11　收款登记界面

4. 操作

单击"增加"按钮新增收款登记,界面如图 3 - 4 - 12 所示。

图3-4-12 新增收款登记界面

（1）单击"待收款"按钮，选择未收款列表中的单据做收款登记。

（2）完成收款登记后，单击"保存"按钮，保存单据。

（3）单击"打印"按钮，对收款单进行打印。收款单如图3-4-13所示。

图3-4-13 收款单样例

（五）开票通知登记

1. 菜单

进入"商贸物流管理"—"应收应付"—"销项发票"—"开票通知登记"界面。

2. 功能描述

开票通知登记界面是开具销售发票的依据。

3. 界面

开票通知登记界面如图3-4-14所示。

图 3 - 4 - 14　开票通知登记界面

4. 操作

单击"增加"按钮新增单据,界面如图 3 - 4 - 15 所示。

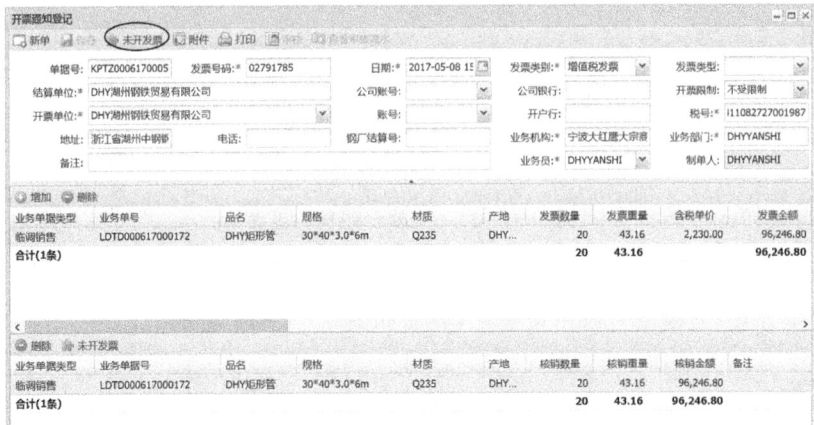

图 3 - 4 - 15　新增开票通知登记界面

(1) 单击"未开发票",选择要登记的单据,增加到明细中。

(2) 完成后,单击"保存"按钮,保存单据。

(3) 单击"打印"按钮,对开票通知进行打印。开票通知样例如图 3 - 4 - 16 所示。

宁波大红鹰大宗商品商学院开票通知　　第1页/共1页

		日期: 2017-05-08	发票号码: 02791785			单据号: KPTZ000617000519	
结算单位: DHY湖州钢铁贸易有限公司						发票类别: 增值税发票	
业务部门: DHYYANSHI						发票类型:	
备注:							

品名	材质	规格	产地	数量	重量	含税单价	含税金额	备注
DHY矩形管	Q235	30×40×3×6	DHY河北	20	43.16	2230.00	96,246.80	
			分页合计	20	43.16		96,246.80	
			总合计	20	43.16		96,246.80	

打印人: DHYYANSHI　　　打印时间: 2017-05-08 15:54:56

图 3 - 4 - 16　开票通知样例

（六）付款申请登记

1. 菜单

进入"商贸物流管理"—"资金管理"—"付款管理"—"付款申请登记"界面。

2. 功能描述

用于采购业务或公司其他业务支出的资金申请。

3. 界面

付款申请登记界面如图 3-4-17 所示。

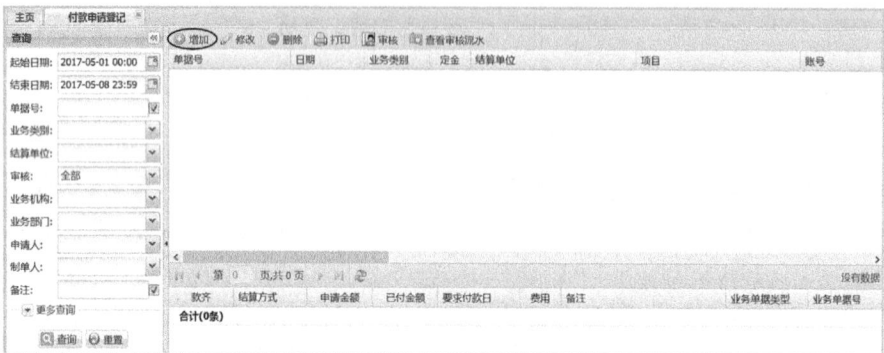

图 3-4-17　付款申请登记界面

4. 操作

单击"增加"按钮新增付款申请登记，界面如图 3-4-18 所示。

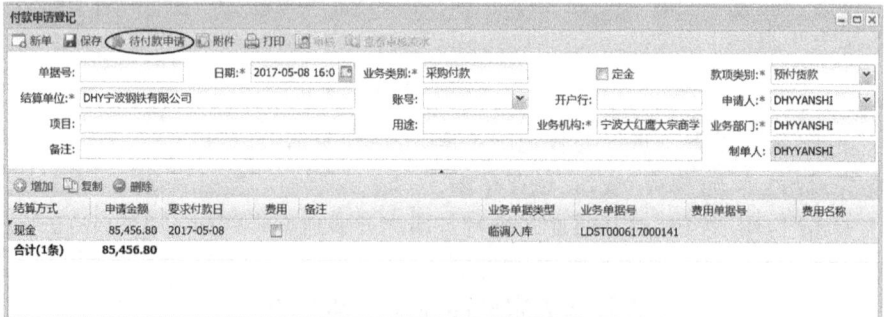

图 3-4-18　新增付款申请登记界面

（1）单击"待付款申请"，调用"待付款申请"的内容，选择要登记的单据，增加到明细中。

（2）完成付款申请登记后，单击"保存"按钮，保存单据。

（3）单击"打印"按钮，对付款申请单进行打印。付款申请单样例如图 3-4-19 所示。

宁波大红鹰大宗商品商学院付款申请单

单据号：FKSQ000617000531　　日期：2017-05-08　　　　业务类别：采购付款

结算单位：DHY宁波钢铁有限公司　　　　　　　　　　款项类型：预付货款

账号：　　　　　　　　　　　　　　　　　　　　　开户行：

备注：　　　　　　　　　　　　　　　　　　　　　申请人：DHYYANSHI

结算方式	要求付款日	费用	申请金额	业务单据类型	业务单据号	费用名称	备注
现金	2017-05-08	否	85,456.80	临调入库	LDST000617000141		
合计			85,456.80				
业务部门：DHYYANSHI		打印人：DHYYANSHI		打印日期：2017-05-08 15:58:38			

图 3-4-19　付款申请单样例

(七) 付款登记

1. 菜单

进入"商贸物流管理"—"资金管理"—"付款管理"—"付款登记"界面。

2. 功能描述

用于记录采购业务或公司其他业务支出资金的付款情况。

3. 界面

付款登记界面如图 3-4-20 所示。

图 3-4-20　付款登记界面

4. 操作

单击"增加"按钮可以新增付款登记，界面如图 3-4-21 所示。

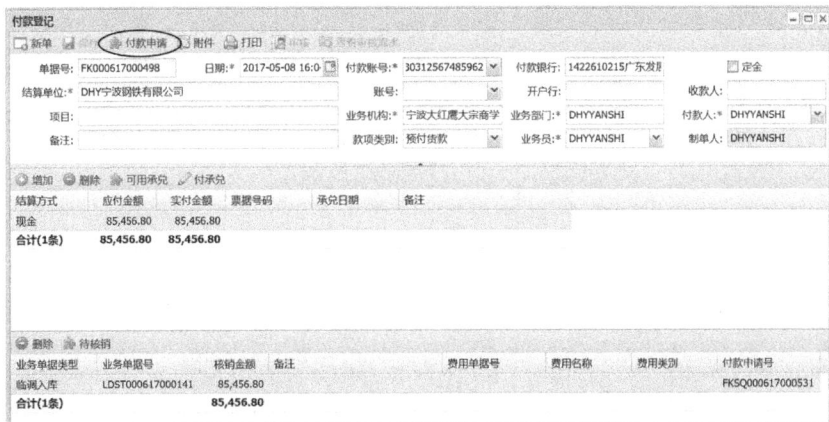

图 3-4-21　新增付款登记界面

（1）单击"付款申请"按钮，引用付款申请单据。

（2）完成付款登记后，单击"保存"按钮，保存单据。

（3）单击"打印"按钮，对付款单进行打印。付款单样例如图3-4-22所示。

宁波大红鹰大宗商品商学院付款单

第1页/共1页

单据号：FK000617000498	付款日期：2017-05-08	业务机构：宁波大红鹰大宗商学院
付款账号：330312567485962	付款银行：1422610215广东发展银行	业务部门：DHYYANSHI
结算单位：DHY宁波钢铁有限公司		付款人：DHYYANSHI
对方账号：	对方银行：	付款总金额：85,456.80
是否定金：否		制单人：DHYYANSHI
备注：		

结算方式	实付金额	票据号码	承兑日期	备注
现金	85,456.80			
合计	85,456.80			

打印人：DHYYANSHI　　　　　　打印日期：2017-05-08 16:02:11

图3-4-22　付款单样例

(八) 采购发票登记

1. 菜单

进入"商贸物流管理"—"应收应付"—"进项发票"—"采购发票登记"界面。

2. 功能描述

用于记录采购的发票。

3. 界面

采购发票登记界面如图3-4-23所示。

图3-4-23　采购发票登记界面

4. 操作

单击"增加"按钮新增单据，界面如图3-4-24所示。

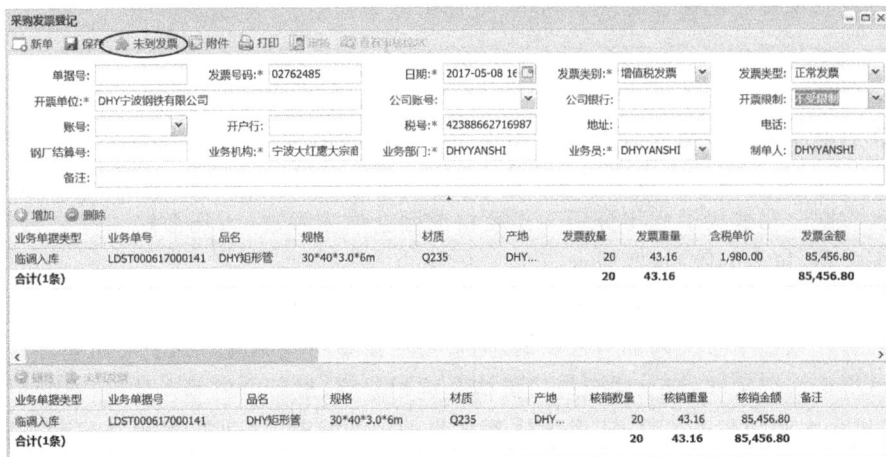

图 3-4-24 新增采购发票登记界面

(1) 单击"未到发票",选择要登记的单据,增加到明细中。

(2) 完成采购发票登记后,单击"保存"按钮,保存单据。

(3) 单击"打印"按钮,对采购发票进行打印。采购发票样例如图 3-4-25 所示。

图 3-4-25 采购发票样例

第五节 大宗商品供应链集团销售业务

一、实验目的

● 熟悉集团销售业务的操作模式。

● 熟悉集团销售业务过程中的添加机构、角色分配、入库通知登记、付款申请登记、付款登记、采购发票登记、内部销售登记、内部采购登记、内部结算登记、收款登记、开票通知登记等具体的操作管理方法。

● 熟练掌握集团销售业务的核心思想,理解课堂知识,掌握实践技能。

二、实验背景

浙江热联钢铁供应链管理有限公司由于贸易业务需求,需要向某集团子公司杭州分院采购货物 50 吨。因子公司杭州分院库存不足,而该集团(宁波大红鹰集团)先前已经从宁波钢铁有限公司购买了此物资到三江潮物流园仓库中存放(市场散购入库),因此该集团同意子公司(杭州分院)物资需求。

该集团(宁波大红鹰集团)销售人员与杭州分院的采购人员确定销售物资信息,该集团销售人员在系统中录入内部销售单据,把货物从该集团仓库调入到子公司仓库;然后该集团人员进行内部采购登记,确定货权机构是杭州分院,最后该公司人员进行内部结算登记,确定机构之间的往来欠款,该集团收到杭州分院的货款后,进行收款登记和开票通知登记。

三、实验步骤

第 1 步:添加机构。
第 2 步:角色分配。
第 3 步:入库通知登记。
第 4 步:付款申请登记。
第 5 步:付款登记。
第 6 步:采购发票登记。
第 7 步:内部销售登记。
第 8 步:内部采购登记。
第 9 步:内部结算登记。
第 10 步:收款登记。
第 11 步:开票通知登记。
其中,第 3～6 步是采购环节,第 7～11 步是集团销售业务。

四、数据范例

集团销售业务数据范例如图 3-5-1 所示。

表 3-5-1　集团销售业务数据范例

客户	杭州分院				
仓库	三江潮物流园				
物资相关信息	品名:螺纹钢;材质:HRB335;产地:济钢总厂				
	规格	申请数量	申请重量	采购单价	销售单价
	Φ14×9	25	50.00	2120.00	1670.00

五、实验要求

学生依据实验步骤进行集团销售的自主练习操作。

学生在实验任务操作当中的每一个步骤,均需截图到实验报告当中,并对每个步骤进行解释说明。实验报告主要包含实验背景、实验任务、业务流程、操作过程(见实验报告模板)。业务流程要求画出该实验场景中的所有业务对应的流程图,操作过程要求对每步骤用语言描述对应的业务场景。

六、实验操作

(一) 添加机构

1. 菜单

进入"平台支撑"—"基础设置"—"组织机构"—"机构设置"界面。

2. 功能描述

用于设置公司机构的基本信息。

3. 界面

机构设置界面如图3-5-1所示。

(1) 单击"公司组织"栏下的"增加"按钮,根据公司的组织结构输入组织名称等信息。

(2) 公司组织信息输入完毕后,单击"保存"按钮便可以增加具体的机构。

图3-5-1 机构设置界面

4. 操作

在宁波大红鹰集团下单击"增加"按钮新增机构设置,界面如图3-5-2所示。

图3-5-2 新增机构设置界面

(1)在"机构名称""机构简称"等处填入相关信息,在"上级组织"下拉菜单中选择上一级机构。

(2)也可在"电话""传真""法人代表""税号""账号""开户银行""地址""备注"等选填项目中填入相关信息,然后按"保存"按钮。

(二) 角色分配

1. 菜单

进入"平台支撑"—"系统管理"—"数据权限"—"数据权限分配"界面。

2. 功能描述

系统管理员可以对操作员进行权限设置。

3. 界面

数据权限分配如图 3-5-3 所示。

图 3-5-3 数据权限分配界面

4. 操作

管理员进行权限分配,通过操作员、角色分配权限。具体如图 3-5-4 所示。

图 3-5-4 数据权限操作界面

（1）在图3-5-3选择"机构"节点，单击"分配"按钮。

（2）找到DHYYANSHI节点，将杭州分院角色和编辑权进行启用。

（3）此步完成后要退出系统，重新登入。

（三）入库通知登记

1. 菜单

进入"商贸物流管理"—"采购管理"—"入库通知"—"入库通知登记"界面。

2. 功能描述

对采购计划、采购合同、采购发货，采购装运进行入库通知登记。

3. 界面

入库通知登记界面如图3-5-5所示。

图3-5-5　入库通知登记界面

4. 操作

单击"增加"按钮新增入库通知登记，界面如图3-5-6所示。

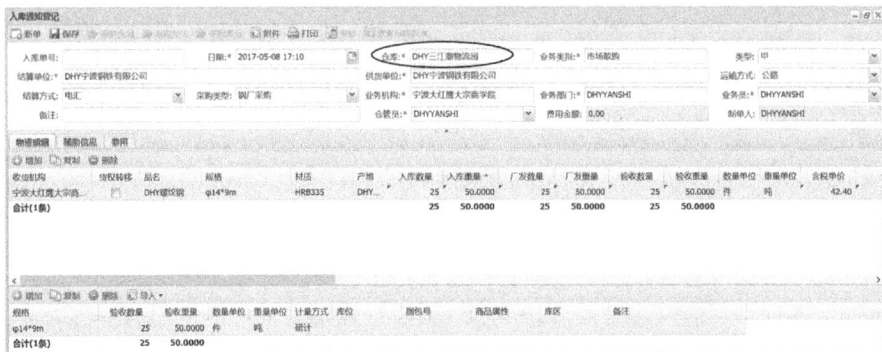

图3-5-6　新增入库通知登记界面

（1）选择"业务类别"为"市场散购"，输入"仓库"为"DHY三江潮物流园"，"结算单位"为"DHY宁波钢铁有限公司"后，单击"增加"按钮新增物资明细。

品名：DHY螺纹钢；材质：HRB335；规格：Φ14×9米；产地：DHY济钢总厂；确定验收数量：25件；重量：50.00吨；含税单价：2120.00元/吨。

（2）入库通知一定要增加"配码"。

（3）完成入库通知登记后，单击"保存"按钮，保存单据。

（4）单击"打印"按钮，对入库通知登记进行打印。入库通知单样例如图 3－5－7 所示。

宁波大红鹰大宗商品商学院入库通知单　　第1页/共1页

日期：2017-05-08　　　　　　　　　　　　　　　　单据号：RK000617000261
结算单位：DHY宁波钢铁有限公司　　　　　　　　　　　仓库：DHY三江潮物流园
业务部门：DHYYANSHI　　　　　　　　　　　　　　　业务类别：市场散购
运输方式：公路　　　　　　　　仓管员：DHYYANSHI　　采购类型：钢厂采购
备注：

品名	材质	规格	产地	入库数量	入库重量	含税单价	含税金额	车船号
DHY螺纹钢	HRB335	φ14×9	DHY济钢总厂	25	50.00	42.40	2,120.00	
			分页合计	25	50.00		2,120.00	
			总合计	25	50.00		2,120.00	

打印人：DHYYANSHI　　打印时间：2017-05-08 17:22:15

图 3－5－7　入库通知单样例

（四）付款申请登记

1. 菜单

进入"商贸物流管理"—"资金管理"—"付款管理"—"付款申请登记"界面。

2. 功能描述

用于采购业务或公司其他业务支出的资金申请。

3. 界面

付款申请登记界面如图 3－5－8 所示。

图 3－5－8　付款申请登记界面

4. 操作

单击"增加"按钮新增付款申请登记，界面如图 3－5－9 所示。

（1）单击"待付款申请"按钮，调用"待付款申请"按钮的内容，选择要登记的单据，增加到明细中。

（2）完成付款申请登记后，单击"保存"按钮，保存单据。

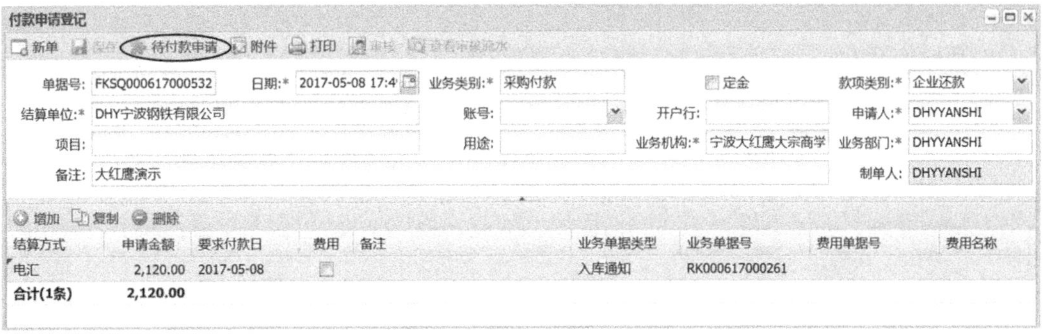

图 3-5-9 付款申请登记

（3）单击"打印"按钮，对付款申请单进行打印。付款申请单样例如图 3-5-10 所示。

图 3-5-10 付款申请单样例

（五）付款登记

1. 菜单

进入"商贸物流管理"—"资金管理"—"付款管理"—"付款登记"界面。

2. 功能描述

用于记录采购业务或公司其他业务支出资金的付款情况。

3. 界面

付款登记界面如图 3-5-11 所示。

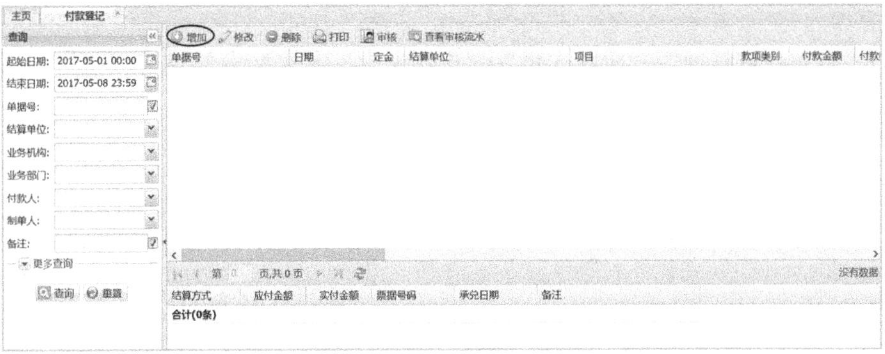

图 3-5-11 付款登记界面

4. 操作

单击"增加"按钮可以新增付款登记,界面如图 3-5-12 所示。

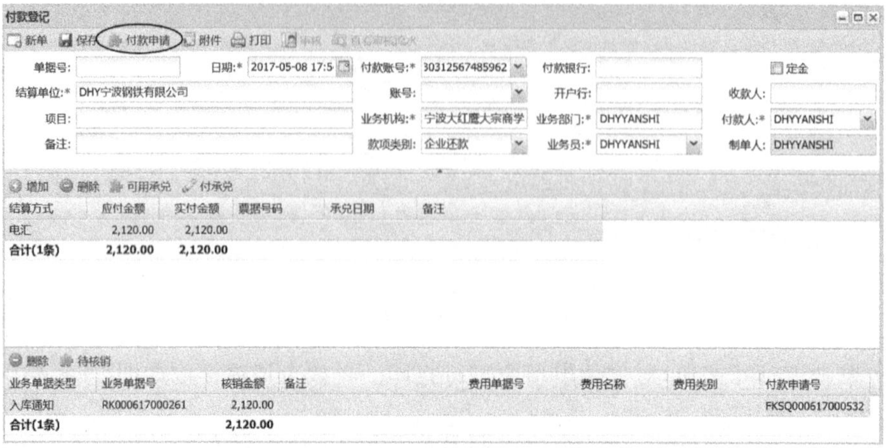

图 3-5-12　新增付款登记界面

(1) 单击"付款申请"按钮,引用付款申请单据,选择结算方式为电汇。

(2) 完成付款登记后,单击"保存"按钮,保存单据。

(3) 单击"打印"按钮,对单据进行打印。付款单样例如图 3-5-13 所示。

图 3-5-13　付款单样例

(六) 采购发票登记

1. 菜单

进入"商贸物流管理"—"应收应付"—"进项发票"—"采购发票登记"界面。

2. 功能描述

用于记录采购的发票。

3. 界面

采购发票登记界面如图 3-5-14 所示。

图 3 - 5 - 14 采购发票登记界面

4．操作

单击"增加"按钮新增单据，界面如图 3 - 5 - 15 所示。

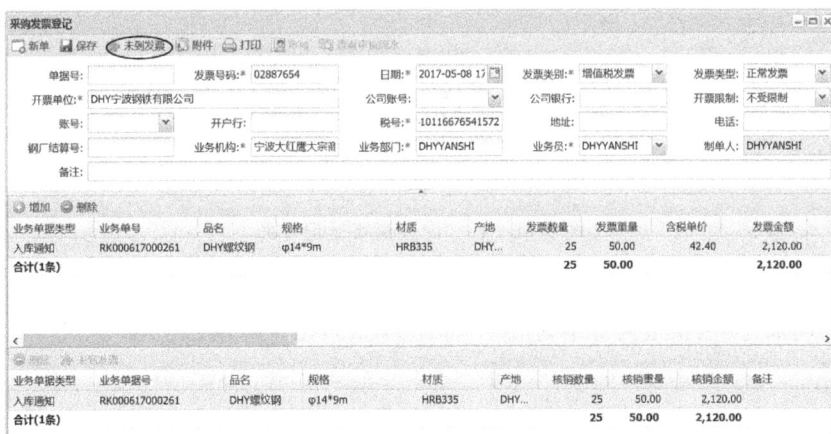

图 3 - 5 - 15 新增采购发票登记界面

（1）单击"未到发票"，选择要登记的单据，增加到明细中。

（2）完成采购发票登记后，单击"保存"按钮，保存单据。

（3）单击"打印"按钮，对采购发票进行打印。采购发票样例如图 3 - 5 - 16 所示。

宁波大红鹰大宗商品商学院 采购发票

第1页/共1页

日期：2017-05-08　　　　　　发票号码：02887654　　　　　　单据号：CGFP000617000487

开票单位：DHY宁波钢铁有限公司　　　　　　　　　　　　　　发票类别：增值税发票

业务部门：DHYYANSHI　　　　钢厂结算号：　　　　　　　　发票类型：正常发票

备注：

品名	材质	规格	产地	数量	重量	含税单价	含税金额	备注
DHY螺纹钢	HRB335	φ14×9	DHY济钢总厂	25	50.00	42.40	2,120.00	
			分页合计	25	50.00		2,120.00	
			总合计	25	50.00		2,120.00	

打印人：DHYYANSHI　　　打印时间：2017-05-08 17:59:34

图 3 - 5 - 16 采购发票样例

（七）内部销售登记

1. 菜单

进入"商贸物流管理"—"集团管理"—"内部销售"—"内部销售登记"界面。

2. 功能描述

用于集团公司内部独立核算的机构之间的内部买卖业务。

3. 界面

内部销售登记界面如图 3-5-17 所示。

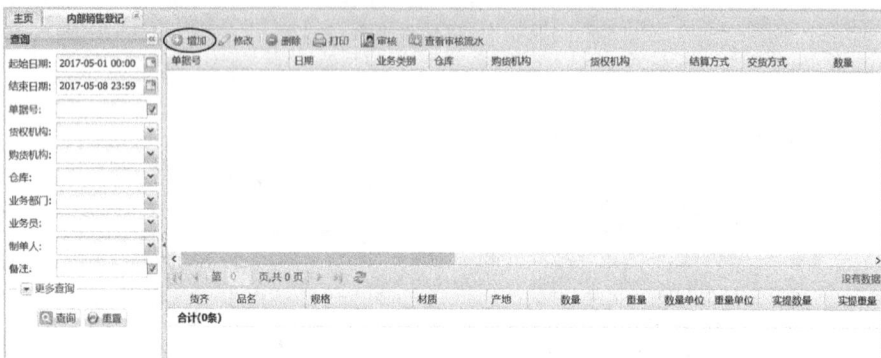

图 3-5-17　内部销售登记界面

4. 操作

单击"增加"按钮新增内部销售登记，界面如图 3-5-18 所示。

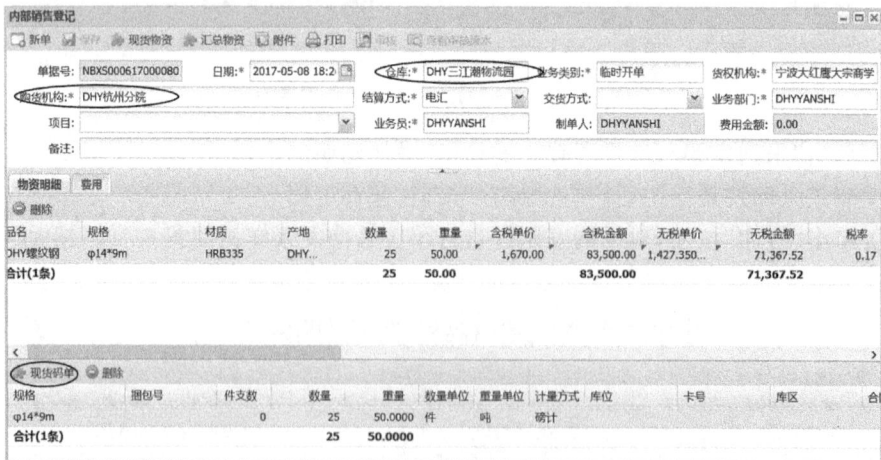

图 3-5-18　新增内部销售登记界面

（1）输入"仓库"为"DHY 三江潮物流园"；选择"购货机构"为"DHY 杭州分院"。单击"现货物资"按钮，选择物资明细。

品名：DHY 螺纹钢；材质：HRB335；规格：Φ14×9 米；产地：DHY 济钢总厂；确定数量：25 件；重量：50.00 吨；含税单价：1670.00 元/吨。

（2）在码单中，通过单击"现货码单"按钮对明细进行配码。

（3）完成内部销售登记后，单击"保存"按钮，保存单据。

（4）单击"打印"按钮，对内部销售登记进行打印。内部销售单样例如图 3-5-19 所示。

宁波大红鹰大宗商品商学院内部销售单

第1页/共1页

日期：2017-05-08　　　　　　　　　　　　　单据号：NBXS000617000080
购货机构：DHY杭州分院　　　　　　　　　　费用金额：0
业务部门：DHYYANSHI　　　　　　　　　　　制单人：DHYYANSHI
备注：

品名	材质	规格	产地	数量	重量	含税单价	含税金额
DHY螺纹钢	HRB335	φ14×9	DHY济钢总厂	25	50.00	1670.00	83,500.00
			分页合计	25	50.00		83,500.00
			总合计	25	50.00		83,500.00

打印人：DHYYANSHI　　打印时间：2017-05-08 18:28:10

图 3-5-19　内部销售单样例

(八) 内部采购登记

1. 菜单

进入"商贸物流管理"—"集团销售"—"内部采购"—"内部采购登记"界面。

2. 功能描述

用于集团公司内部独立核算的机构之间的内部买卖业务。

3. 界面

内部采购登记界面如图 3-5-20 所示。

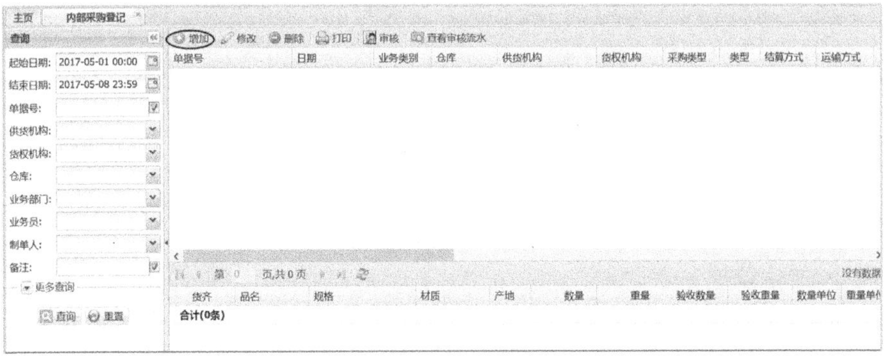

图 3-5-20　内部采购登记界面

4. 操作

单击"增加"按钮新增内部采购登记，界面如图 3-5-21 所示。

（1）输入"仓库"为"DHY 三江潮物流园"，输入"供货机构"为"宁波大红鹰大宗商学院"，"货权机构"为"DHY 杭州分院"。单击"内部销售实提"按钮，选择上一步操作中的内部销售实提明细，并对其进行码单操作。

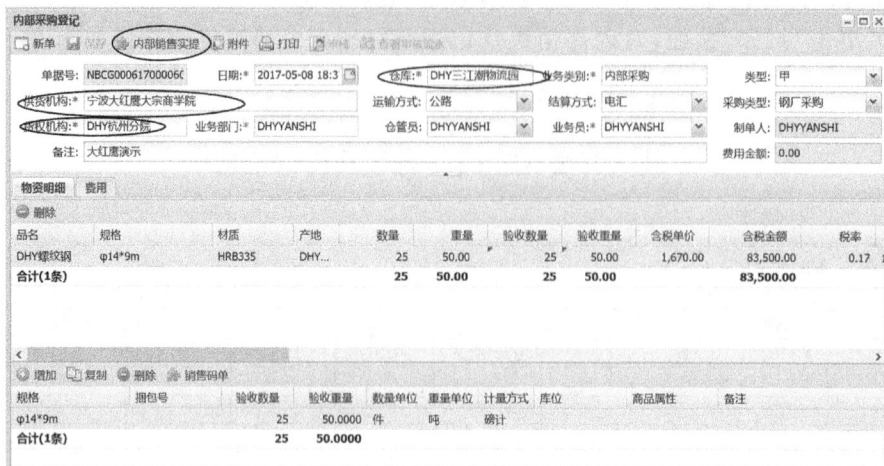

图 3-5-21　新增内部采购登记界面

（2）完成内部采购登记后，单击"保存"按钮，保存单据。

（3）单击"打印"按钮，对内部采购登记进行打印。内部采购单样例如图 3-5-22 所示。

图 3-5-22　内部采购单样例

（九）内部结算登记

1．菜单

进入"商贸物流管理"—"集团销售"—"内部结算"—"内部结算登记"界面。

2．功能描述

用于内部买卖关系产生的内部结算、由于机构代销关系产生的内部结算和入库货权转移产生的内部结算。

3．界面

内部结算登记界面如图 3-5-23 所示。

图 3-5-23　内部结算登记界面

4. 操作

单击"增加"按钮新增内部结算登记,界面如图 3-5-24 所示。

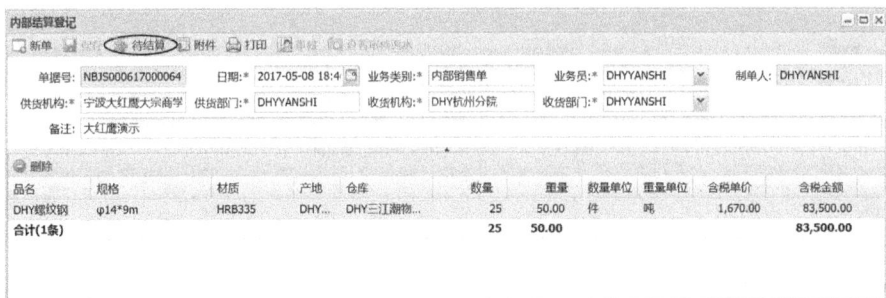

图 3-5-24　新增内部结算登记界面

(1) 单击"待结算"按钮,在待结算列表中选择内部销售单相关明细。

(2) 完成内部结算登记后,单击"保存"按钮,保存单据。

(3) 单击"打印"按钮,对内部采购验收登记进行打印。内部结算单样例如图 3-5-25 所示。

宁波大红鹰大宗商品商学院 内部结算单

第1页/共1页

日期: 2017-05-08　　　业务类别: 内部销售单　　　单据号: NBJS000617000064
供货机构: 宁波大红鹰大宗商学院　　　　　　　收货机构: DHY杭州分院
供货部门: DHYYANSHI　　　　　　　　　　收货部门: DHYYANSHI
备注: 大红鹰演示

品名	材质	规格	产地	数量	重量	含税单价	含税金额	仓库
DHY螺纹钢	HRB335	φ14×9	DHY济钢总厂	25	50.00	1670.00	83,500.00	DHY三江潮物流园
			分页合计	25	50.00		83,500.00	
			总合计	25	50.00		83,500.00	

制单人: DHYYANSHI　　　　打印人: DHYYANSHI　　　　打印时间: 2017-05-08 18:44:14

图 3-5-25　内部结算单样例

（十）收款登记

1. 菜单

进入"商贸物流管理"—"资金管理"—"收款管理"—"收款登记"界面。

2. 功能描述

用于记录销售业务或公司其他业务收入资金的收款情况。

3. 界面

收款登记界面如图 3-5-26 所示。

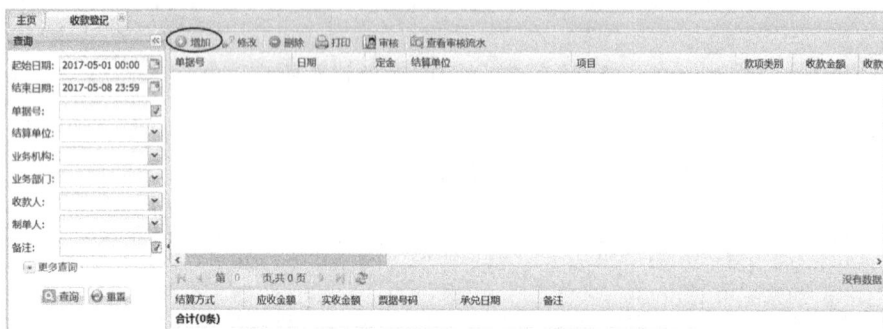

图 3-5-26　收款登记界面

4. 操作

单击"增加"按钮新增收款登记，界面如图 3-5-27 所示。

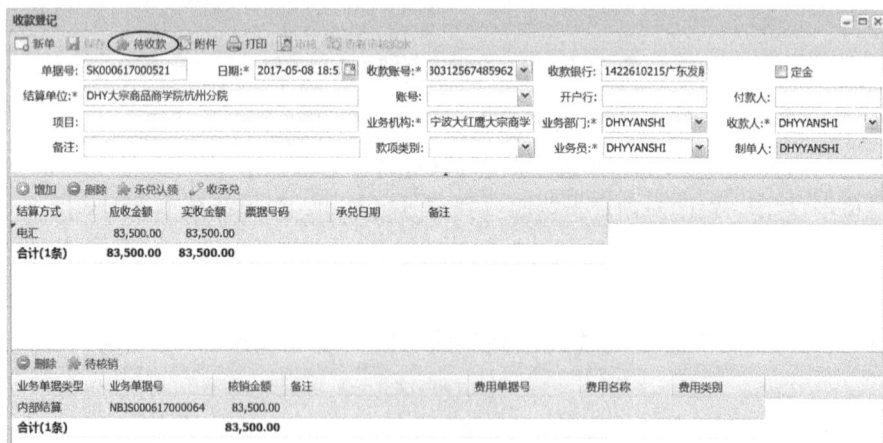

图 3-5-27　新增收款登记界面

（1）单击"待收款"按钮，选择未收款列表中的单据做收款登记，选择结方式为电汇。

（2）完成收款登记后，单击"保存"按钮，保存单据。

（3）单击"打印"按钮，对单据进行打印。收款单样例如图 3-5-28 所示。

图 3-5-28　收款单样例

（十一）开票通知登记

1. 菜单

进入"商贸物流管理"—"应收应付"—"销项发票"—"开票通知登记"界面。

2. 功能描述

开具销售发票的依据。

3. 界面

开票通知登记界面如图 3-5-29 所示。

图 3-5-29　开票通知登记界面

4. 操作

单击"增加"按钮新增单据，界面如图 3-5-30 所示。

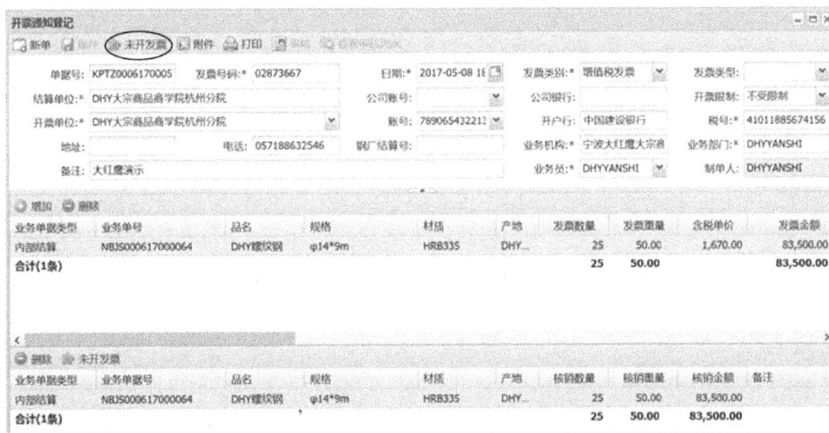

图 3-5-30　新增开票通知登记界面

（1）单击"未开发票"，选择要登记的单据，增加到明细中。

（2）完成开票通知登记后，单击"保存"按钮，保存单据。

（3）单击"打印"按钮，对开票通知进行打印。开票通知单如图 3-5-31 所示。

宁波大红鹰大宗商品商学院 开票通知单

第1页/共1页

日期：2017-05-08　　　　　　发票号码：02873667　　　　　　单据号：KPTZ000617000520

结算单位：DHY大宗商品商学院杭州分院　　　　　　发票类别：增值税发票

业务部门：DHYYANSHI　　　　　　发票类型：

备注：大红鹰演示

品名	材质	规格	产地	数量	重量	含税单价	含税金额	备注
DHY螺纹钢	HRB335	φ14×9	DHY济钢总厂	25	50.00	1670.00	83,500.00	
			分页合计	25	50.00		83,500.00	
			总合计	25	50.00		83,500.00	

打印人：DHYYANSHI　　　　打印时间：2017-05-08 18:58:53

图 3-5-31　开票通知单样例

第四章　大宗商品供应链仓储物流管理系统实训篇

第一节　大宗商品供应链入库管理业务

一、实验目的

● 熟悉入库管理业务的操作模式。

● 熟悉入库管理业务过程中的仓储合同登记、预报登记、收货登记、入库登记、收款单登记、费用发票登记等具体的操作管理方法。

● 熟练掌握入库模式业务的核心思想,理解课堂知识,掌握实践技能。

二、实验背景

五矿钢铁宁波工贸有限公司由于业务需求,在江苏沙钢集团采购了一批货物,综合考虑,五矿钢铁宁波工贸有限公司决定采用铁路运输的方式,先把货物运输到宁波的物产物流基地仓库,由该物流基地进行代管,因此五矿钢铁宁波工贸有限公司与宁波物产物流基地签订了一份仓储合同,根据仓储合同设置的费用条款,待费用产生后五矿宁波工贸需向宁波物产物流基地缴纳相关的费用等。

首先,宁波物流物产基地会接到五矿钢铁宁波工贸有限公司的预报通知,3 天以后,五矿钢铁宁波工贸有限公司告知江苏沙钢集团开始发货,江苏沙钢集团根据五矿钢铁宁波工贸有限公司的发货通知进行发货信息处理,待货物实际抵达物流基地后,物流基地装卸人员核查到货信息,确定码单验收量,安排货区、货位,然后把实际的验收数据返回给五矿钢铁宁波工贸有限公司,五矿钢铁宁波工贸有限公司根据之前的合同条款,给江苏沙钢集团缴纳相关的费用,集团收到费用后开具相应的费用发票(货主也可通过远程协同查询自己的入库信息和费用信息)。

三、实验步骤

（一）仓储作业流程

大宗商品供应链仓储作业流程如图 4-1-1 所示。

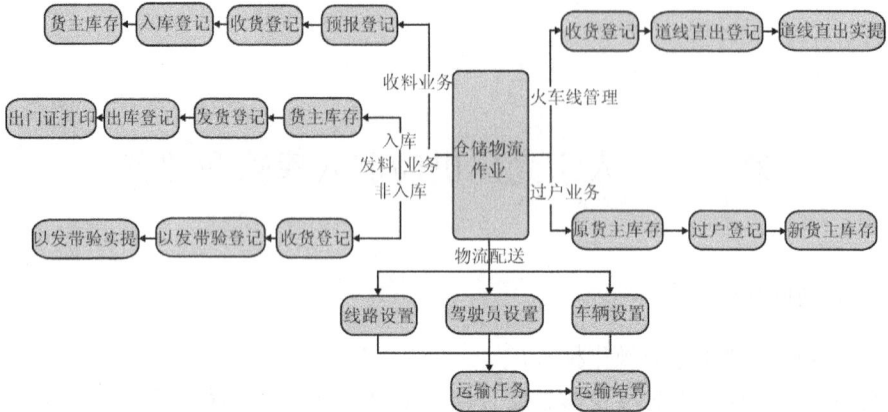

图 4-1-1　大宗商品供应链仓储作业流程

（二）具体步骤

第 1 步：仓储合同登记。

第 2 步：预报登记。

第 3 步：收货登记。

第 4 步：入库登记。

第 5 步：收款单登记。

第 6 步：费用发票登记。

四、数据范例

入库管理业务数据范例如图 4-1-1 所示。

表 4-1-1　入库管理业务数据范例

单位信息	**详细信息** 名称：五矿钢铁宁波工贸有限公司(简称"五矿宁波工贸") 地址：宁波市镇海区招宝山街道平海路 1188 号 联系人： 电话： 传真： 业务关系：货主、费用单位 **业务介绍** 　　主要经营钢材等产品。公司尊崇"踏实、拼搏、责任"的企业精神,并以诚信、共赢、开创经营理念,创造良好的企业环境,以全新的管理模式,完善的技术,周到的服务,卓越的品质为生存根本,始终坚持用户至上、用心服务于客户的理念,坚持用自己的服务去打动客户。

续　表

费用信息	入库费：每吨 10.00 元 出库费：每吨 15.00 元 仓储费 30 天内免费 仓储费—01：每吨每天 2.00 元　　　31～60 天 仓储费—02：每吨每天 3.00 元　　　61～90 天 仓储费—03：每吨每天 5.00 元　　　91～999 天

物资相关信息	品名：螺纹钢;材质：HRB335;产地：济钢总厂		
	规格	申请数量	申请重量
	$\Phi14\times9$	200	450

五、实验要求

学生依据实验步骤进行入库管理的自主练习操作。

学生在实验任务操作当中的每一个步骤,均需截图到实验报告当中,并对每个步骤进行解释说明。实验报告主要包含实验背景、实验任务、业务流程、操作过程(见实验报告模板)。业务流程要求画出该实验场景中的所有业务对应的流程图,操作过程要求对每步骤用语言描述对应的业务场景。

六、实验操作

(一) 仓储合同登记

1. 菜单

进入"仓储物流管理"—"合同管理"—"仓储合同登记"界面。

2. 功能描述

登记仓储费用合同,可设置货主的费用和仓储费。

3. 界面

仓储合同登记界面如图 4-1-2 所示。

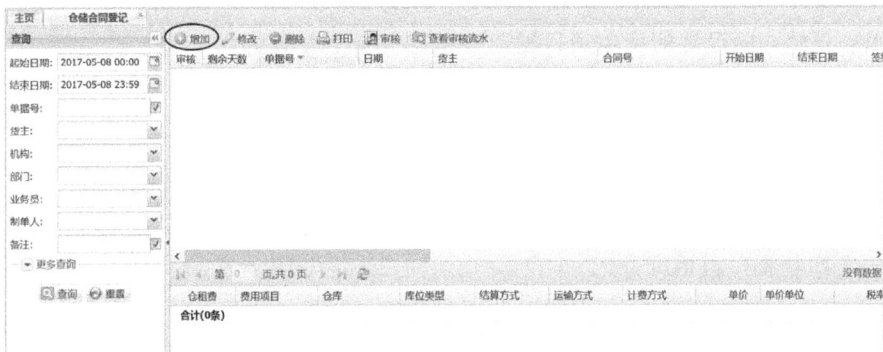

图 4-1-2　仓储合同登记界面

4. 操作

单击"增加"按钮新增仓储合同登记,界面如图 4-1-3 所示。

图 4-1-3　新增仓储合同登记界面

(1)填写"货主"为"DHY 五矿钢铁宁波工贸有限公司"等相关信息后,单击明细中的"增加"按钮,查看仓储合同登记明细,选择"费用项目",调用"仓储设置"—"费用项目设置"的内容,引用相关数据。

(2)完成仓储合同登记后,单击"保存"按钮,保存单据。

(3)单击"打印"按钮,对仓储合同进行打印。仓储合同样例如图 4-1-4 所示。

宁波大红鹰大宗商品商学院 仓储合同

第1页/共1页

单据日期:2017-05-09　　　　合同号:　　　　　单据号:CCHT000617000147
货主:　DHY五矿钢铁宁波工贸有限公司　开始时间:2017-05-09 17:32:00　结束时间:2017-06-09 17:32:00

费用类别	费用名称	计费方式	单价	单价单位	免储天数	天数单位	统计方式	优惠方式
DHYYANSHI	DHY入库费	按重量	10.00	元/吨	0	天	本月	不启用
DHYYANSHI	DHY出库费	按重量	15.00	元/吨	0	天	本月	不启用
DHYYANSHI	DHY仓租费-04	按重量	5.00	元/天	30	天	本月	不启用
DHYYANSHI	DHY仓租费-03	按重量	3.00	元/天	30	天	本月	不启用
DHYYANSHI	DHY仓租费-02	按重量	2.00	元/天	30	天	本月	不启用
备注:								

业务机构:宁波大红鹰大宗商学院　　业务部门:DHYYANSHI　　　　　打印日期:2017-05-09 17:29:56

图 4-1-4　仓储合同样例

注意:仓储合同设置的费用项目提前在基础设置上设置好。

(二)预报登记

1. 菜单

进入"仓储物流管理"—"仓储管理"—"预报管理"—"预报登记"界面。

2. 功能描述

用于入库物资预报单据登记。

3. 界面

预报登记界面如图 4-1-5 所示。

图 4-1-5 预报登记界面

4. 操作

单击"增加"按钮新增预报登记,界面如图 4-1-6 所示。

图 4-1-6 新增预报登记界面

(1) 填写"货主"为"DHY 五矿宁波钢铁工贸有限公司";填写"仓库"为"DHY 宁波物产基地"。单击物资明细中的"增加"按钮,添加预报单物资明细。

品名:DHY 螺纹钢;材质:HRB335;规格:Φ14×9 米;产地:DHY 济钢总厂;申请数量:200 件;申请重量:450.00 吨。

(2) 完成预报登记单据信息填写后,单击"保存"按钮,保存预报登记单据。

(3) 单击"打印"按钮,对预报登记单进行打印。预报单样例如图 4-1-7 所示。

宁波大红鹰大宗商品商学院 预报单　　　第1页/共1页

单据号码:YB000617000417　单据日期:2017-05-09　订货合同:

货主:DHY五矿钢铁宁波工贸有限公司　　仓库:DHY宁波物产基地

运输方式:　　到站日期:2017-05-09　　车船号:　　发站:

备注:

品名	产地	材质	规格	数量	重量	重量单位	计量方式
DHY螺纹钢	DHY济钢总厂	HRB335	Φ14×9	200	450.00	吨	磅计
小计				200	450.00		
合计				200	450.00		
业务部门: DHYYANSHI					打印日期: 2017-05-09 17:32:02		

图 4-1-7 预报单样例

(三) 收货登记

1. 菜单

进入"仓储物流管理"—"仓储管理"—"入库管理"—"收货登记"界面。

2. 功能描述

可以进行收货物资的登记操作。

3. 界面

收货登记界面如图 4-1-8 所示。

图 4-1-8　收货登记界面

4. 操作

单击"增加"按钮新增收货单据,界面如图 4-1-9 所示。

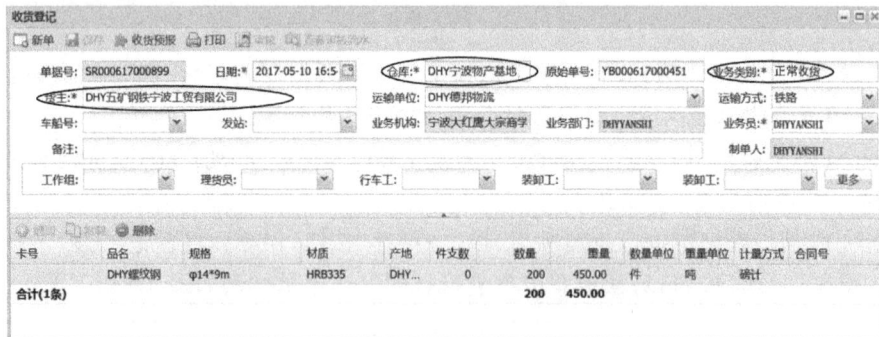

图 4-1-9　新增收货登记界面

　　(1) 选择"业务类别"为"预报收货";"货主"为"DHY 五矿钢铁宁波工贸有限公司";"仓库"为"DHY 宁波物产基地"。单击"收货预报"按钮,在未完成业务明细中选择需要操作的预报单。

　　选择"业务类别"为"正常收货"时,填写"货主"和"仓库"后单击物资明细中的"增加"按钮添加收货登记明细,填写明细相关内容,包括数量、重量等信息。

　　(2) 完成收货登记单据信息填写后,单击"保存"按钮,保存单据。

　　(3) 单据保存后,可单击"打印"按钮,对单据进行打印。收获单样例如图 4-1-10 所示。

宁波大红鹰大宗商品商学院收货单　　第1页/共1页

单据号码：SR000617000899　单据日期：2017-05-10　业务类别：预报收货

货主：DHY五矿钢铁宁波工贸有限公司　仓库：DHY宁波物产基地

运输方式：铁路　车船号：

备注：

品名	产地	材质	规格	数量	重量	重量单位	计量方式
DHY螺纹钢	DHY济钢总厂	HRB335	φ14×9	200	450.00	吨	磅计
小计				200	450.00		
合计				200	450.00		

业务部门：DHYYANSHI　打印日期：2017-05-10 17:13:07

图 4-1-10　收货单样例

返回收货登记界面，单击“审核”按钮，对话框输入“正常收货”。收货登记审核界面如图 4-1-11 所示。

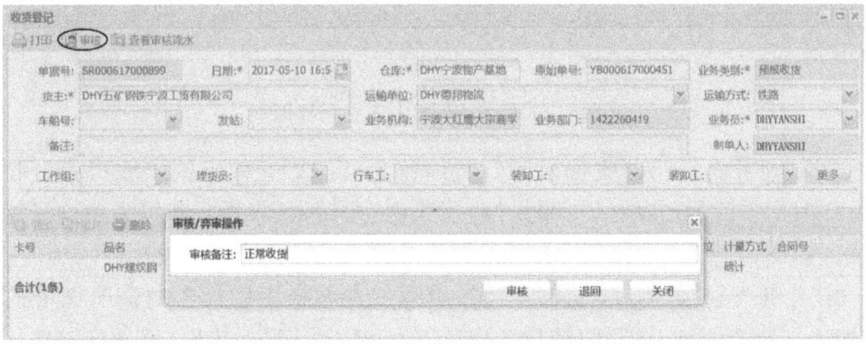

图 4-1-11　收货登记审核界面

(四) 入库登记

1. 菜单

进入“仓储物流管理”—“仓储管理”—“入库管理”—“入库登记”界面。

2. 功能描述

可以进行物资入库的登记操作。

3. 界面

入库登记界面如图 4-1-12 所示。

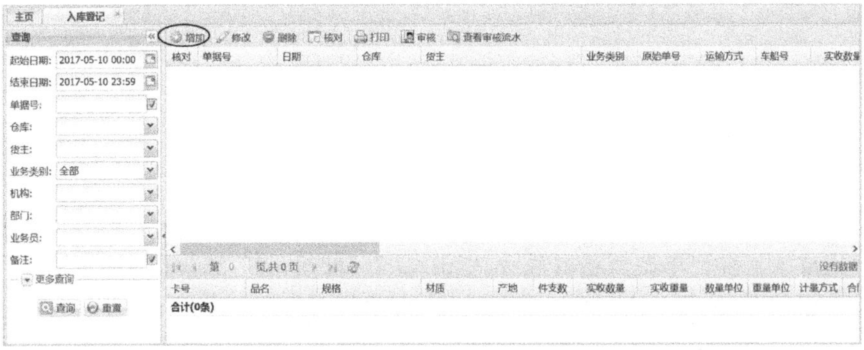

图 4-1-12　入库登记界面

4. 操作

单击"增加"按钮新增入库单据,界面如图 4-1-13 所示。

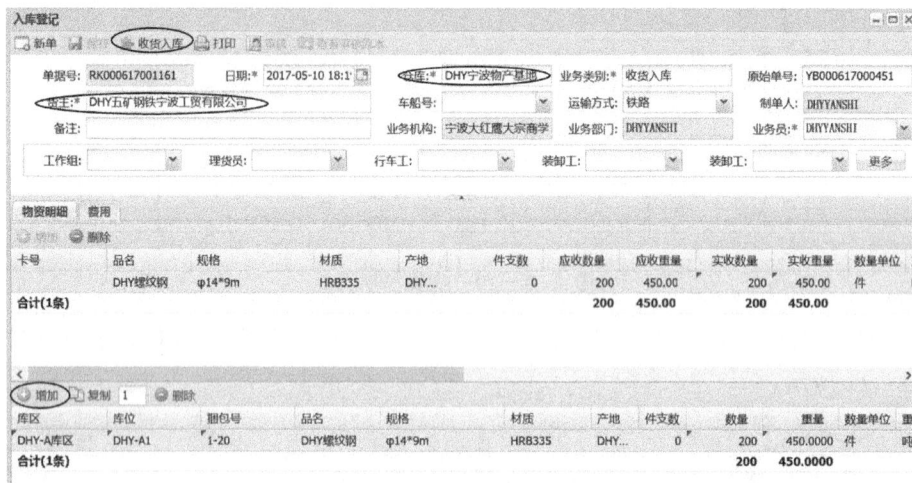

图 4-1-13　新增入库登记界面

(1) 选择"业务类别"为"收货入库";"货主"为"DHY 五矿钢铁宁波工贸有限公司";"仓库"为"DHY 宁波物产基地"。单击"收货入库"按钮,在收货入库报表中选择需要操作的收货单。

注:当"业务类别"选为"收货入库"时,填写货主和仓库后单击物资明细中的"增加"按钮,添加入库物资明细,填写明细相关内容,包括库区、库位、数量、重量等信息。

(2) 可在码单明细后,通过单击"增加"按钮对明细进行配码;也可单击"复制"对码单进行复制。

(3) 在"费用"明细页中登记界面,单击"增加"按钮添加入库费。如图 4-1-14 所示。

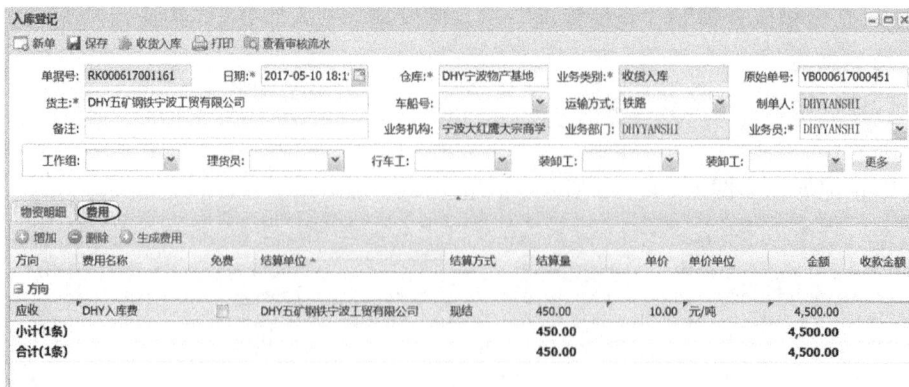

图 4-1-14　入库登记—入库费操作界面

(4) 完成入库登记单据信息填写后,单击"保存"按钮,保存入库登记单据。

(5) 单据保存后,可单击"打印"按钮,对入库单进行打印。

宁波大红鹰大宗商品商学院入库单　第1页/共1页

日期：2017-05-10　　　　原始单号：YB000617000451　　　　单据号：RK000617001161

货主：DHY五矿钢铁宁波工贸有限公司　　　　　　　　　　　业务类别：收货入库

仓库：DHY宁波物产基地　　　　　　　　　　　　　　　　　车船号：

备注：　　　　　　　　　　　　　　　　　　　　　　　　运输方式：铁路

品名	材质	产地	规格	卡号	数量	重量	单位	计量方式	备注
DHY螺纹钢	HRB335	DHY济钢总厂	φ14×9		200	450.00	吨	磅计	
小计					200	450.00			
合计					200	450.00			

业务部门：DHYYANSHI　　　打印人：DHYYANSHI　　　打印日期：2017-05-10 18:17:29

图 4-1-15　入库单样例

在入库登记审核界面单击"审核"按钮对入库明细进行审核，输入"现货入库"。入库登记审核操作界面如图 4-1-16 所示。

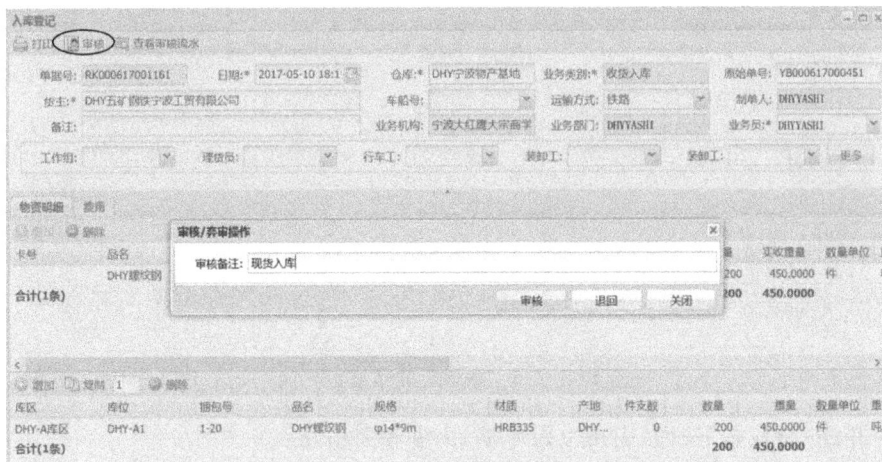

图 4-1-16　入库登记审核操作界面

(五) 收款单登记

1. 菜单

进入"仓储物流管理"—"财务管理"—"收款管理"—"收款单登记"界面。

2. 功能描述

可以对收款单进行增加、修改、删除、打印的操作。

3. 界面

收款单登记界面如图 4-1-17 所示。

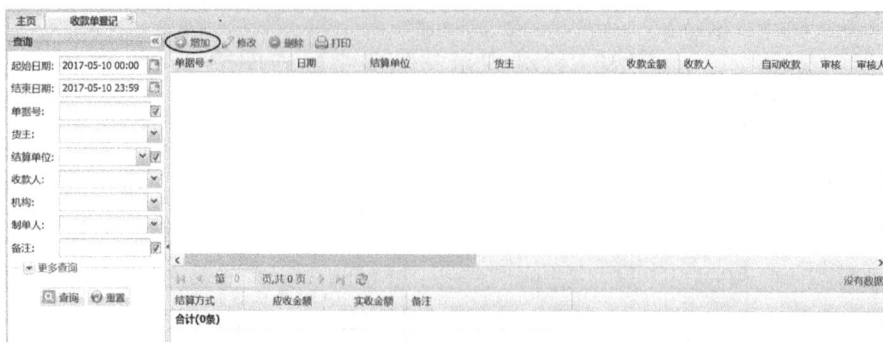

图 4-1-17　收款单登记界面

4. 操作

单击"增加"按钮打开收款登记界面,界面如图 4-1-18 所示。

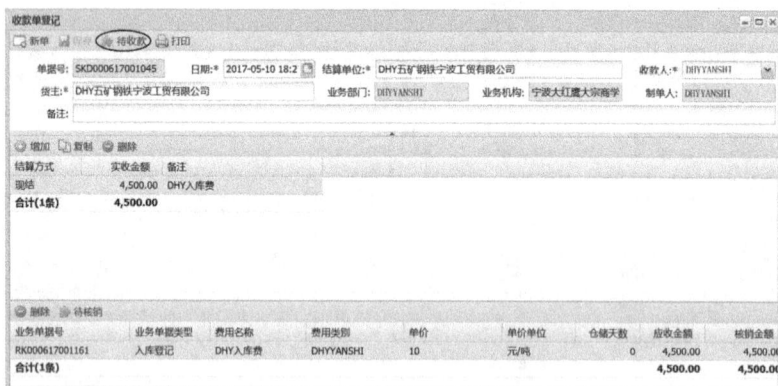

图 4-1-18　新增收款单登记界面

(1) 单击"待收款"按钮,引用上级单据,完善相关信息。

(2) 完成收款单登记后,单击"保存"按钮,保存收款单登记。

(3) 单击"打印"按钮,对收款单进行打印。收款单样例如图 4-1-19 所示。

图 4-1-19　收款单样例

(六) 费用发票登记

1. 菜单

进入"仓储物流管理"—"财务管理"—"费用发票"—"费用发票登记"界面。

2. 功能描述

可以对费用发票进行增加、修改、删除、打印的操作。

3. 界面

费用发票登记界面如图 4 - 1 - 20 所示。

图 4 - 1 - 20　费用发票登记界面

4. 操作

单击"增加"按钮打开费用发票登记界面,界面如图 4 - 1 - 21 所示。

图 4 - 1 - 21　费用发票登记界面

(1) 单击"代开票费用"按钮,引用对应单据,完善相关信息。

(2) 完成费用发票登记后,单击"保存"按钮,保存费用发票登记。

(3) 单击"打印"按钮,对费用发票进行打印。费用发票样例如图 4 - 1 - 22 所示。

宁波大红鹰大宗商品商学院 费用发票

第1页/共1页

单据日期:2017-05-10　　　　发票号:02382766　　　　单据号:FYFP000617000924

开票单位:DHY五矿钢铁宁波工贸有限公司　　关联发票号:　　发票类别:增值税发票

备注:

费用名称	业务单号	方向	发票重量	含税单价	发票金额	税率	无税单价	无税金额
DHY入库费	RK000617001161	应收	450.00	10.00	4500.00	0.17	8.55	3846.15
合计			450.00		4500.00			3846.15

业务机构:宁波大红鹰大宗商学院　　业务部门:DHYYANSHI　　　打印日期:2017-05-10 18:26:30

图 4 - 1 - 22　费用发票样例

第二节　大宗商品供应链出库管理业务

一、实验目的

● 熟悉出库管理业务的操作模式。

● 熟悉出库管理业务过程中的入库登记、发货登记、出库实提登记、收货登记、以发待验登记、道线直出登记、道线直出实提、出门证登记、收款单登记、费用发票登记等具体的操作管理方法。

● 熟练掌握出库模式业务的核心思想,理解课堂知识,掌握实践技能。

二、实验背景

五矿钢铁宁波工贸有限公司由于业务需求,与下游单位签订了 3 笔不同方式提取的业务,这批货物直接是由我司物流园发货。

现货入库:五矿宁波工贸告知下游客户来宁波物流物产基地提货,宁波物流物产基地会接到五矿钢铁宁波工贸有限公司的发货物资详情及提货人信息;下游客户抵达宁波物流物产基地后在业务大厅换单中心进行换单业务,根据五矿宁波钢铁工贸有限公司开具的提单换取宁波物流物产基地的发货单据,然后下游客户凭借宁波物流物产基地发货单信息,去货场提货,装卸作业人员确定最终的实提出库量,然后宁波物流物产基地人员把实提信息返回给五矿钢铁宁波工贸有限公司;宁波五矿工贸根据之前的合同条款,给宁波物流物产基地缴纳相关的费用,宁波物流物产基地开具相应的费用发票(货主也可通过远程协同查询自己的到库、出库信息和费用信息)。

以发代验:由于一批货物还在运送到宁波物流物产基地的途中,所以,为节约时间成本,货物到达宁波物流物产基地将不再进行卸货处理,直接让客户进行以发代验实提,但是相关数据还是需要通过宁波物流物产基地平台进行登记。

道线直出:该批物资经由宁波物流物产基地中的铁路线直接发送到五矿钢铁宁波工贸有限公司的下游单位,但是宁波物流物产基地还是需要登记相关信息,以便收取相关费用。

三、实验步骤

第 1 步:入库登记。
第 2 步:发货登记。
第 3 步:出库实提登记。
第 4 步:收货登记。
第 5 步:以发待验登记。
第 6 步:以发待验实提。
第 7 步:道线直出登记。
第 8 步:道线直出实提。

第 9 步：出门证登记。

第 10 步：收款单登记。

第 11 步：费用发票登记。

四、数据范例。

出库管理业务数据范例如表 4 - 2 - 1 所示。

表 4 - 2 - 1 出库管理业务数据范例

货主信息	名称：五矿钢铁宁波工贸有限公司(简称"五矿宁波工贸") 地址：宁波市镇海区×××街道××路×××号 联系人： 电话： 传真： 业务关系：货主、费用单位 **业务介绍** 　　主要经营钢材等产品。公司尊崇"踏实、拼搏、责任"的企业精神,并以诚信、共赢、开创经营理念,创造良好的企业环境,以全新的管理模式,完善的技术,周到的服务,卓越的品质为生存根本,我们始终坚持用户至上、用心服务于客户的理念,坚持用自己的服务去打动客户。		
物资相关信息	**品名：热轧钢板,材质：Q235B；规格：9.75×150 米；产地：沙钢**		
	出库方式	数量	重量
	现货出库	80	180.00
	以发代验	100	220.00
	道线直出	150	350.00
费用信息	入库费：每吨 10.00 元；出库费：每吨 15.00 元；运费：每吨 12.00 元		
车辆信息	车牌号：		

五、实验要求

学生依据实验步骤进行出库管理的自主练习操作。

学生在实验任务操作当中的每一个步骤,均需截图到实验报告当中,并对每个步骤进行解释说明。实验报告主要包含实验背景、实验任务、业务流程、操作过程(见实验报告模板)。业务流程要求画出该实验场景中的所有业务对应的流程图,操作过程要求对每步骤用语言描述对应的业务场景。

六、实验操作

(一) 入库登记

1. 菜单

进入"仓储物流管理"—"仓储管理"—"入库管理"—"入库登记"界面。

2. 功能描述

可以进行物资入库的登记操作。

3. 界面

入库登记界面如图 4-2-1 所示。

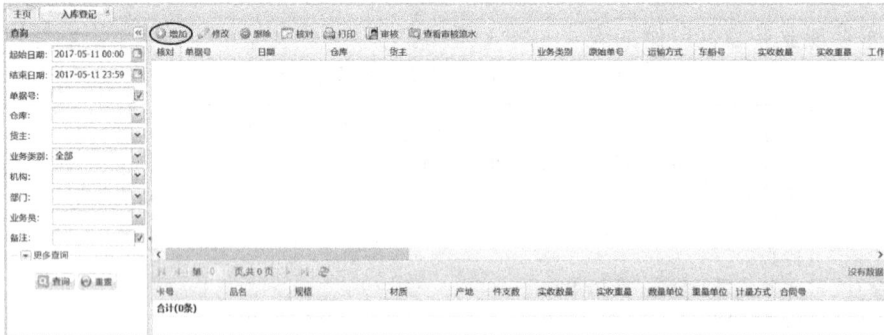

图 4-2-1　入库登记界面

4. 操作

单击"增加"按钮新增入库单据,界面如图 4-2-2 所示。

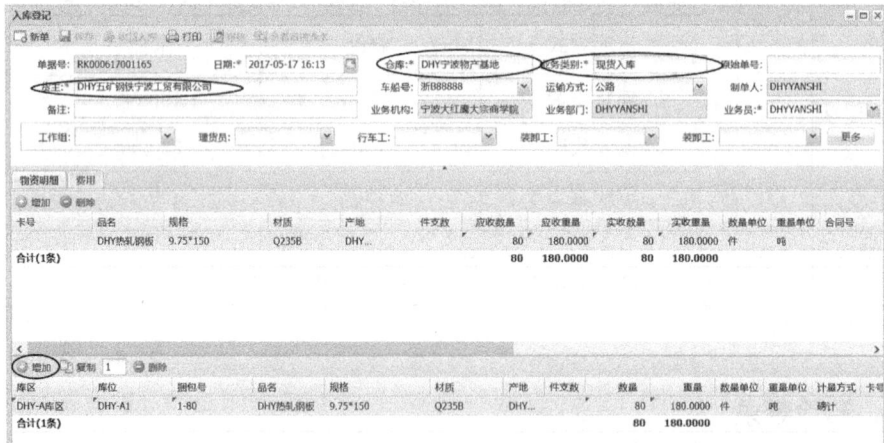

图 4-2-2　新增入库登记界面

图 4-2-3　入库登记—入库费操作界面

（1）填写"业务类别"为"现货入库"；"货主"为"DHY五矿钢铁宁波工贸有限公司"；"仓库"为"DHY宁波物产基地"。单击物资明细中的"增加"按钮，添加入库物资明细，填写明细相关内容。

品名：DHY热轧钢板；材质：Q235B；规格：9.75×150米；产地：DHY沙钢；申请数量：80件；申请重量：180.00吨。

（2）可在码单明细后，通过单击"增加"按钮对明细进行配码。

（3）可在"费用"明细操作界面中进行登记，单击"增加"按钮添加入库费信息。如图4-2-3所示。

（4）完成入库登记单据信息填写后，单击"保存"按钮，保存入库登记单据。入库单样例如图4-2-4所示。

（5）单据保存后，可单击"打印"按钮，对入库单进行打印。

宁波大红鹰大宗商品商学院 入库单

第1页/共1页

日期：2017-05-17　　　　原始单号：　　　　　　　　单据号：RK000617001165

货主：DHY五矿钢铁宁波工贸有限公司　　　　　　　业务类别：现货入库

仓库：DHY宁波物产基地　　　　　　　　　　　　　车船号：

备注：　　　　　　　　　　　　　　　　　　　　运输方式：公路

品名	材质	产地	规格	卡号	数量	重量	单位	计量方式	备注
DHY热轧钢板	Q235B	DHY沙钢	9.75×150		80	180.00	吨	磅计	
DHYYANSHI	应收	10.00	1,800.00	现结					费用
小计					80	180.00			
合计					80	180.00			

业务部门：DHYYANSHI　　　　　　打印人：DHYYANSHI　　　　　　打印日期：2017-05-17 16:13:35

图4-2-4　入库单样例

返回入库登记界面对单据进行"审核"，输入"现货入库"。入库登记审核如图4-2-5所示。

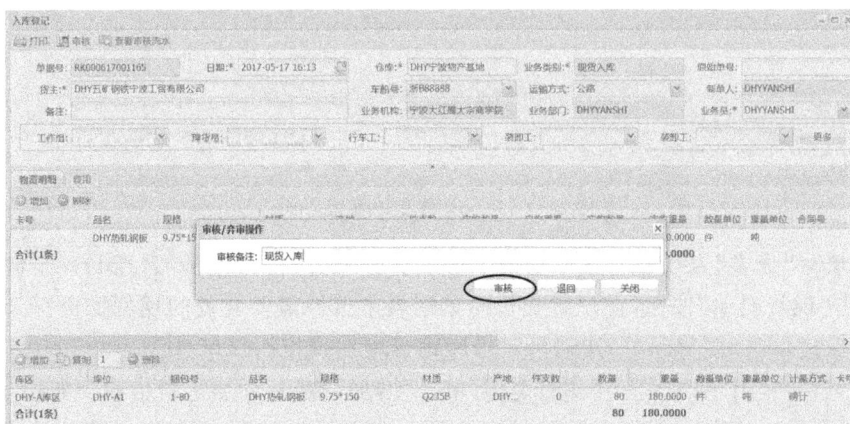

图4-2-5　入库登记审核

（二）发货登记

1. 菜单

进入"仓储物流管理"—"仓储管理"—"出库管理"—"发货登记"界面。

2. 功能描述

可以进行物资发货的登记操作。

3. 界面

发货登记界面如图 4-2-6 所示。

图 4-2-6　发货登记界面

4. 操作

单击"增加"按钮新增发货单据,界面如图 4-2-7 所示。

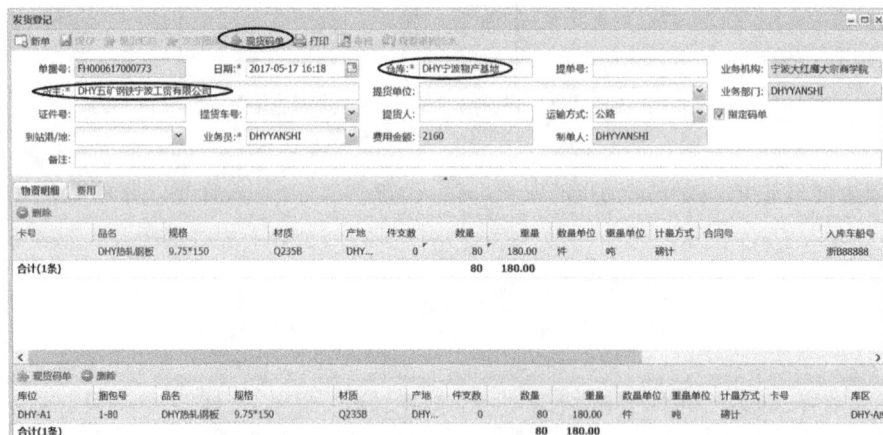

图 4-2-7　新增发货登记界面

（1）填写"货主"为"DHY 五矿钢铁宁波工贸有限公司";"仓库"为"DHY 宁波物产基地"。单击"现货码单"按钮,在现货物资码单列表中选择需要发货的现货物资。

（2）通过单击"现货码单"按钮可对出库物资增加现货码单信息。

（3）可在"费用"明细界面中进行登记,单击"增加"按钮,添加运费信息。如图 4-2-8 所示。

（4）完成单据信息填写后,单击"保存"按钮,保存发货单。

（5）单击"打印"按钮,对发货单进行打印。发货单样例如图 4-2-9 所示。

图 4-2-8 发货登记—运费操作界面

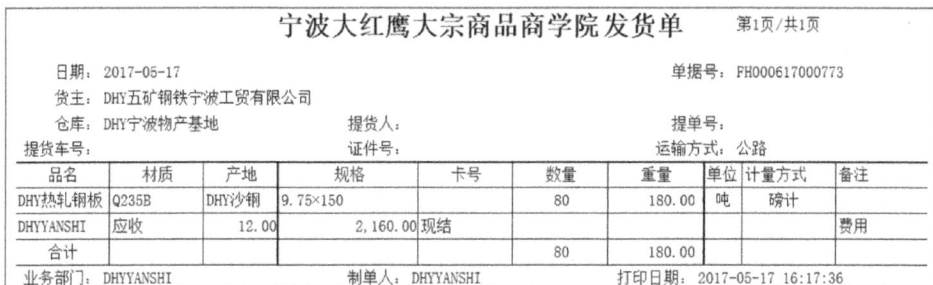

图 4-2-9 发货单样例

(三) 出库实提登记

1. 菜单

进入"仓储物流管理"—"仓储管理"—"出库管理"—"出库实提登记"界面。

2. 功能描述

可以进行出库实提的登记操作。

3. 界面

出库实提登记界面如图 4-2-10 所示。

图 4-2-10 出库实提登记界面

4. 操作

单击"增加"按钮新增出库实提单据,界面如图 4-2-11 所示。

(1) 填写"货主"为"DHY 五矿钢铁宁波工贸有限公司";"仓库"为"DHY 宁波物产基

地"。单击"待出库物资"按钮,在代实提物资列表中选择需要实提出库的物资。

(2)可在"费用"明细界面中进行登记,单击"增加"按钮,添加出库费信息。如图 4-2-12 所示。

(3)完成出库实提登记后,单击"保存"按钮,保存出库实提。

(4)单击"打印"按钮,对出库实提单进行打印。出库实提样例如图 4-2-13 所示。

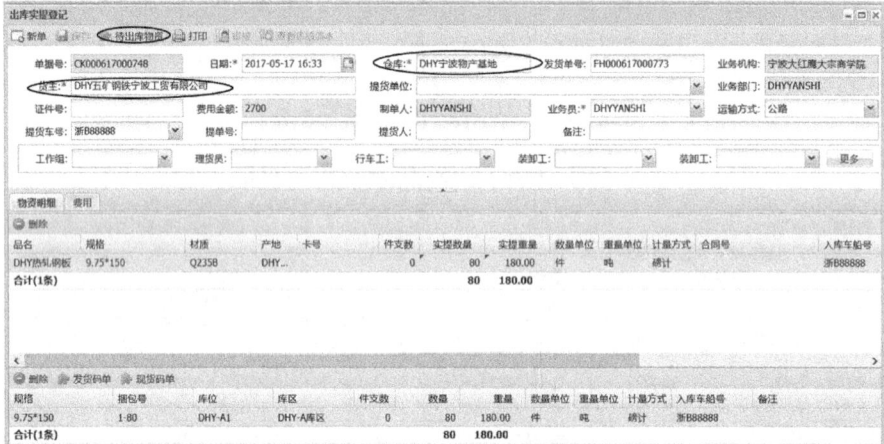

图 4-2-11　新增出库实提登记界面

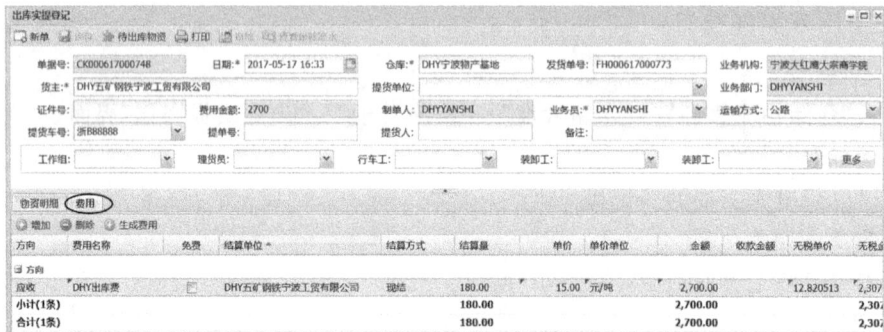

图 4-2-12　出库实提登记—出库费操作界面

图 4-2-13　出库实提样例

(四) 收货登记

1. 菜单

进入"仓储物流管理"—"仓储管理"—"入库管理"—"收货登记"界面。

2. 功能描述

可以进行收货物资的登记操作。

3. 界面

收货登记界面如图 4-2-14 所示。

图 4-2-14　收货登记界面

4. 操作

单击"增加"按钮新增收货单据,界面如图 4-2-15 所示。

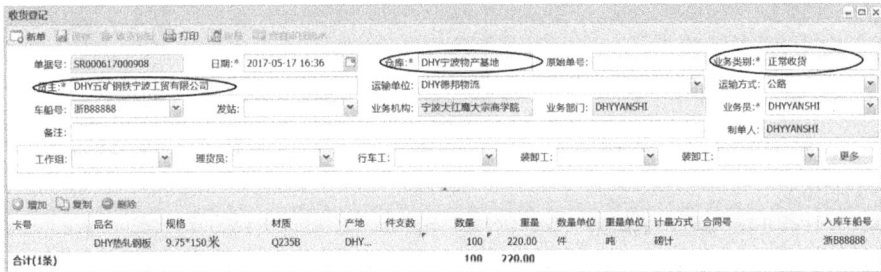

图 4-2-15　新增收货登记界面

(1) 选择"业务类别"为正常收货,填写"货主"为"DHY 五矿钢铁宁波工贸有限公司";"仓库"为"DHY 宁波物产基地"。单击物资明细中的"增加"按钮,添加收货登记明细。

品名:DHY 热轧钢板,材质:Q235B;规格:9.75×150 米;产地:DHY 沙钢;申请数量:100 件;申请重量:220.00 吨。

(2) 完成收款登记后,单击"保存"按钮,保存收货单。

(3) 单击"打印"按钮,对收货单进行打印。收货单样例如图 4-2-16 所示。

(4) 返回收获登记审核界面对单据进行"审核",并输入"以发代验收货"。收货登记审核界面如图 4-2-17 所示。

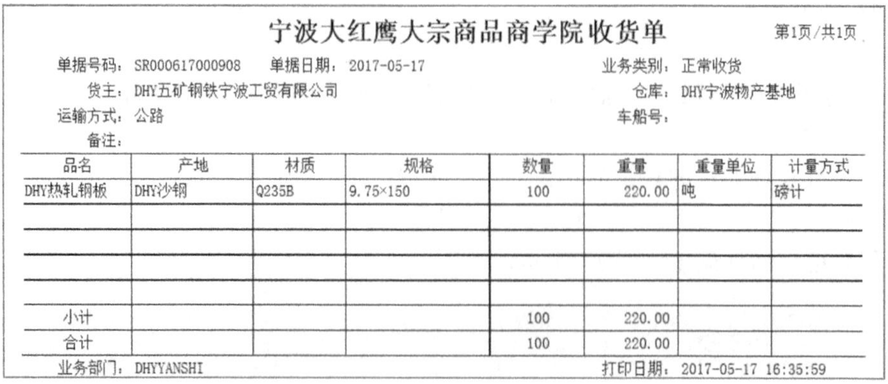

宁波大红鹰大宗商品商学院收货单　　第1页/共1页

单据号码：SR000617000908　单据日期：2017-05-17　业务类别：正常收货

货主：DHY五矿钢铁宁波工贸有限公司　仓库：DHY宁波物产基地

运输方式：公路　车船号：

备注：

品名	产地	材质	规格	数量	重量	重量单位	计量方式
DHY热轧钢板	DHY沙钢	Q235B	9.75×150	100	220.00	吨	磅计
小计				100	220.00		
合计				100	220.00		

业务部门：DHYYANSHI　打印日期：2017-05-17 16:35:59

图 4-2-16　收货单样例

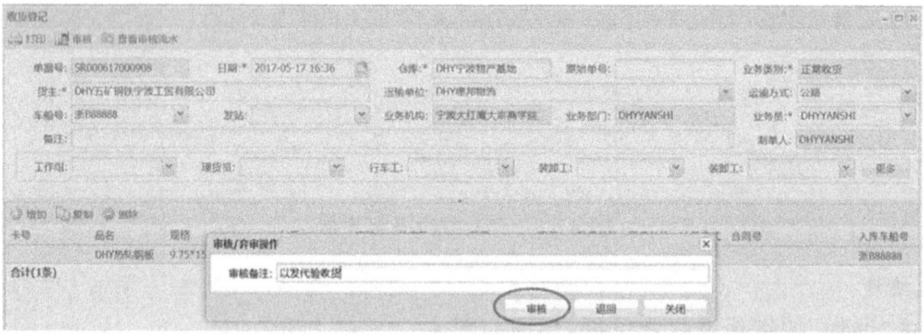

图 4-2-17　收货登记审核界面

(五) 以发代验登记

1. 菜单

进入“仓储物流管理”—“仓储管理”—“出库管理”—“以发代验登记”界面。

2. 功能描述

可以进行以发代验登记操作。

3. 界面

以发代验登记界面如图 4-2-18 所示。

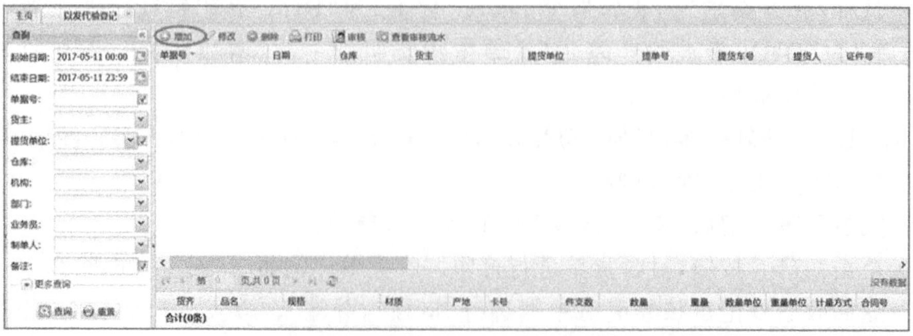

图 4-2-18　以发代验登记界面

4. 操作

单击“增加”按钮新增以发代验单据，界面如图 4－2－19 所示。

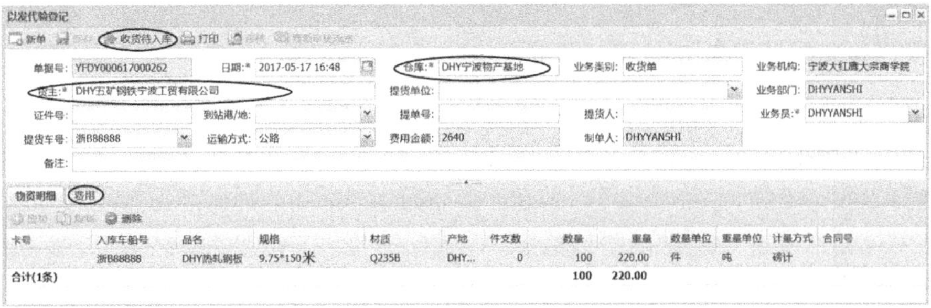

图 4－2－19　新增以发代验登记界面

（1）输入“货主”为“DHY 五矿宁波钢铁工贸有限公司”；“仓库”为“DHY 宁波物产基地”。单击“收货待入库”按钮，在收货待入库列表中选择需要操作的收货单据。

（2）在“费用”明细界面中进行登记，单击“增加”按钮添加运费信息。如图 4－2－20 所示。

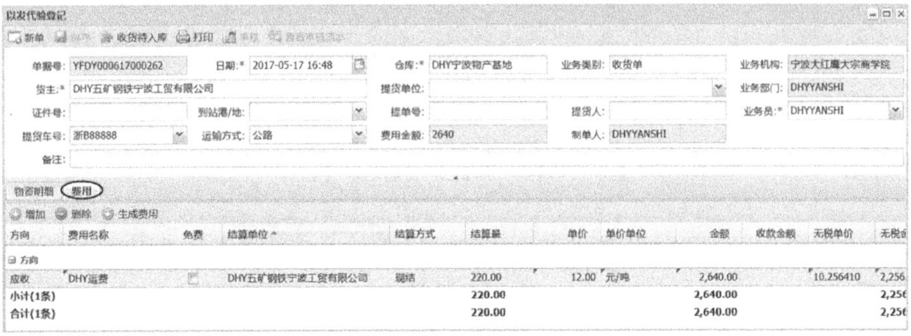

图 4－2－20　以发代验登记—运费操作界面

（3）完成以发代验登记后，单击“保存”按钮，保存以发代验信息。

（4）单击“打印”按钮，对以发代验单进行打印。以发代验样例如图 4－2－21 所示。

宁波大红鹰大宗商品商学院以发代验　第1页/共1页

日期：2017-05-17　　单据号：YFDY000617000262

货主：DHY五矿钢铁宁波工贸有限公司

仓库：DHY宁波物产基地　　提货人：　　提单号：

提货车号：　　证件号：　　运输方式：公路

品名	材质	产地	规格	卡号	数量	重量	单位	计量方式	备注
DHY热轧钢板	Q235B	DHY沙钢	9.75×150		100	220.00	吨	磅计	
DHYYANSHI	应收	12.00	2,640.00	现结					费用
合计					100	220.00			

业务部门：DHYYANSHI　　制单人：DHYYANSHI　　打印日期：2017-05-17 16:54:39

图 4－2－21　以发代验样例

（六）以发代验实提

1. 菜单

进入“仓储物流管理”—“仓储管理”—“出库管理”—“以发代验实提”界面。

2.功能描述

可以进行以发代验实提操作。

3.界面

以发代验实提界面如图4-2-22所示。

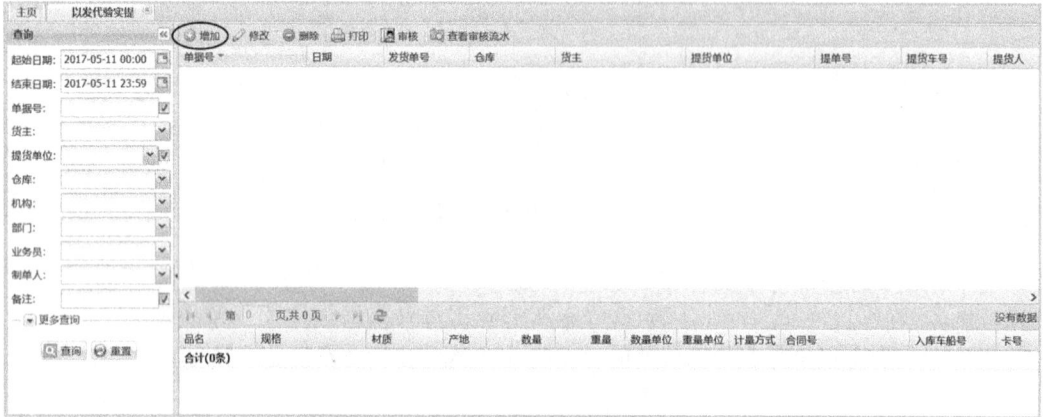

图4-2-22　以发代验实提界面

4.操作

单击"增加"按钮新增以发代验单据,界面如图4-2-23所示。

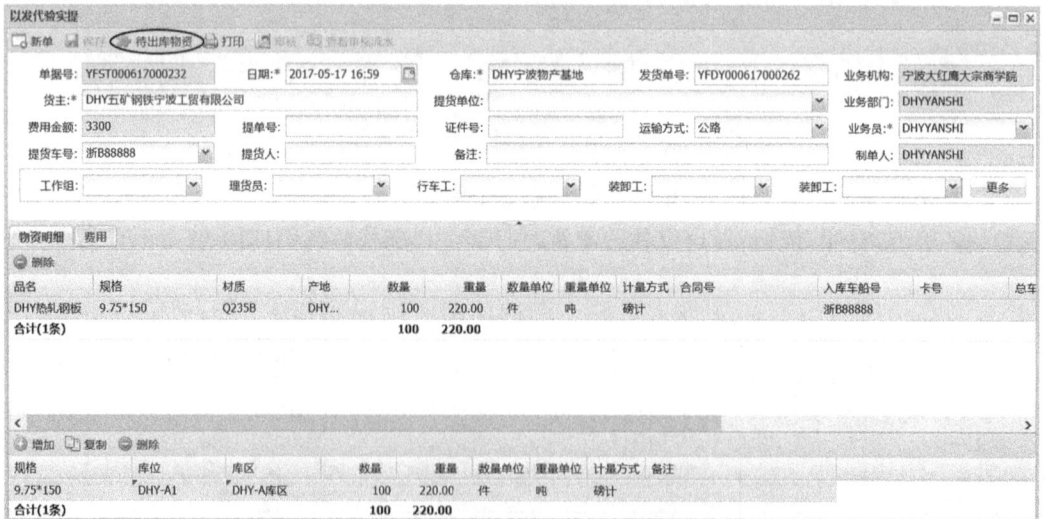

图4-2-23　新增以发代验实提界面

(1) 单击"待出库物资"按钮,在代实提物资列表中选择需要实提出库的物资明细。

(2) 在"费用"明细界面进行登记,单击"增加"按钮添加出库费信息。如图4-2-24所示。

(3) 完成以发代验实提后,单击"保存"按钮,保存以发代验实提。

图 4-2-24 以发代验实提—出库费操作界面

（4）单击"打印"按钮，对以发代验实提单进行打印。以发代验实提如图 4-2-25 所示。

图 4-2-25 以发代验实提样例

（七）道线直出登记

1. 菜单

进入"仓储物流管理"—"仓储管理"—"专运线管理"—"道线直出登记"界面。

2. 功能描述

可以进行道线直出登记操作。

3. 界面

道线直出登记界面如图 4-2-26 所示。

图 4-2-26 道线直出登记界面

4. 操作

单击“增加”按钮新增道线直出登记单，界面如图 4-2-27 所示。

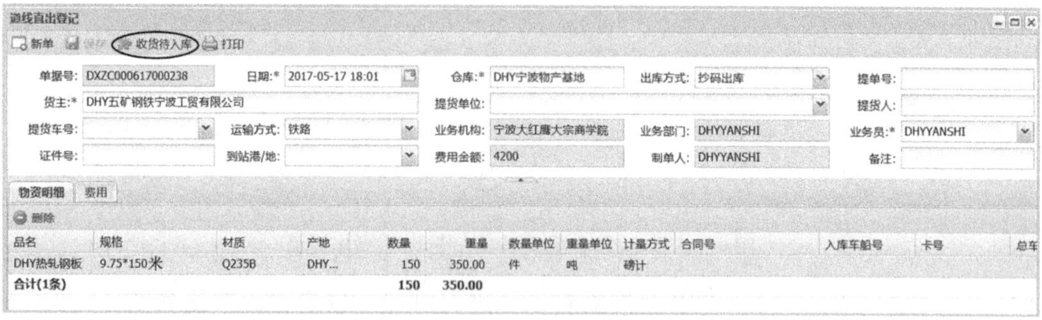

图 4-2-27　新增道线直出登记界面

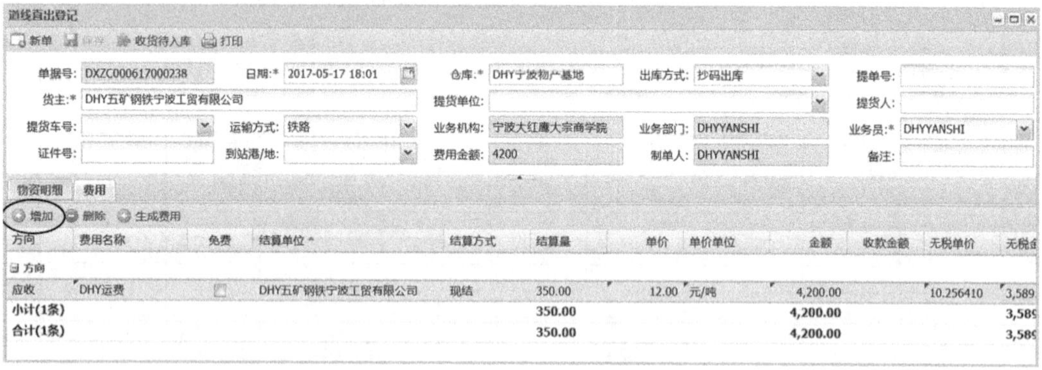

图 4-2-28　道线直出登记操作界面

（1）输入“货主”为“DHY 五矿钢铁宁波工贸有限公司”；“仓库”为“DHY 宁波物产基地”。单击“收货待入库”按钮，在收货未入库列表中选择需要引用的未收货物资。

（2）在“费用”明细界面中进行登记，单击“增加”按钮添加运费信息。

（3）完成道线直出登记后，单击“保存”按钮，保存道线直出信息。

（4）单击“打印”按钮，对道线直出单进行打印。道线直出单样例如图 4-2-29 所示。

宁波大红鹰大宗商品商学院道线直出单 第1页/共1页

日期：2017-05-17　　　　单据号：DXZC000617000238

货主：DHY五矿钢铁宁波工贸有限公司

仓库：DHY宁波物产基地　　提货人：　　提单号：

提货车号：　　证件号：　　运输方式：铁路

品名	材质	产地	规格	卡号	数量	重量	单位	计量方式	备注
DHY热轧钢板	Q235B	DHY沙钢	9.75×150		150	350.00	吨	磅计	
DHYYANSHI	应收	12.00	4,200.00	现结					费用
小计					150	350.00			
合计					150	350.00			

业务部门：DHYYANSHI　　制单人：DHYYANSHI　　打印日期：2017-05-17 18:00:05

图 4-2-29　道线直出单样例

(八) 道线直出实提

1. 菜单

进入"仓储物流管理"—"仓储管理"—"专运线管理"—"道线直出实提"界面。

2. 功能描述

可以进行道线直出实提操作。

3. 界面

道线直出实提界面如图 4 - 2 - 30 所示。

图 4 - 2 - 30 道线直出实提界面

4. 操作

单击"增加"按钮新增道线直出实提单,界面如图 4 - 2 - 31 所示。

图 4 - 2 - 31 新增道线直出实提界面

(1) 输入"货主"为"DHY 五矿宁波钢铁工贸有限公司";"仓库"为"DHY 宁波物产基地"。单击"待出库物资"按钮,在实提物资列表中选择需要引用的实提物资。

(2) 可在"费用"明细界面中进行登记,单击"增加"按钮添加出库费信息。如图 4 - 2 - 32 所示。

图 4 - 2 - 32　道线直出实提—出库费操作界面

（3）完成道线直出信息填写后，单击"保存"按钮，保存道线直出单。

（4）单击"打印"按钮，对道线直出实提单进行打印。道线直出实提单样例如图 4 - 2 - 33 所示。

图 4 - 2 - 33　道线直出实提单样例

（九）出门证登记

1.菜单

进入"仓储物流管理"—"仓储管理"—"出门证管理"—"出门证登记"界面。

2.功能描述

可以进行出门证登记操作。

3.界面

出门证登记界面如图 4 - 2 - 34 所示。

图4-2-34　出门证登记界面

4.操作

单击"增加"按钮新增出门证登记,界面如图4-2-35所示。

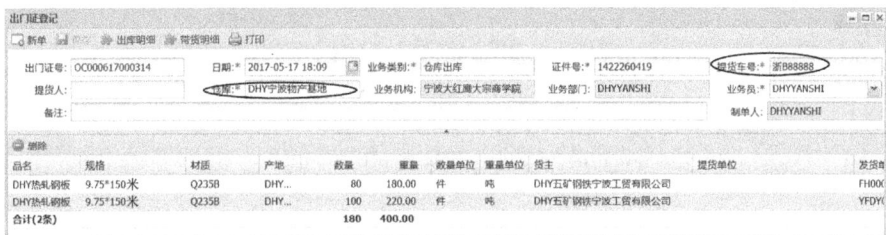

图4-2-35　新增出门证登记界面

(1)输入"仓库"为"DHY宁波物产基地",在明细中单击"增加"按钮增加出门证明细内容。

(2)完成出门证信息登记后,单击"保存"按钮,保存出门证信息。

(3)单击"打印"按钮,对出门证进行打印。出门证样例如图4-2-36所示。

宁波大红鹰大宗商品商学院出门证　第1页/共1页

日期: 2017-05-17 18:09:00							单据号: OC000617000314			
货主:							仓库: DHY宁波物产基地			
提货人:			提货车号:				证件号: 1422260419			
备注:										

品名	材质	产地	规格	卡号	数量	重量	单位	计量方式	备注
DHY热轧钢板	Q235B	DHY沙钢	9.75×150		80	180.00	吨	磅计	
DHY热轧钢板	Q235B	DHY沙钢	9.75×150		100	220.00	吨	磅计	
小计					180	400.00			
合计					180	400.00			

业务部门: DHYYANSHI	制单人: DHYYANSHI	打印日期: 2017-05-17 18:08:54

图4-2-36　出门证样例

(十)收款单登记

1.菜单

进入"仓储物流管理"—"财务管理"—"收款管理"—"收款单登记"界面。

2.功能描述

可以对收款单进行增加、修改、删除、打印的操作。

3. 界面

收款单登记界面如图 4-2-37 所示。

图 4-2-37　收款单登记界面

4. 操作

单击"增加"按钮打开收款登记界面,界面如图 4-2-38 所示。

图 4-2-38　新增收款单登记界面

(1) 单击"待收款"按钮,引用相关物资信息,完善相关信息。

(2) 完成收款单登记后,单击"保存"按钮,保存收款单。

(3) 单击"打印"按钮,对收款单进行打印。收款单样例如图 4-2-39 所示。

图 4-2-39　收款单样例

（十一）费用发票登记

1. 菜单

进入"仓储物流管理"—"财务管理"—"费用发票"—"费用发票登记"界面。

2. 功能描述

可以对费用发票进行增加、修改、删除、打印的操作。

3. 界面

费用发票登记界面如图 4-2-40 所示。

图 4-2-40　费用发票登记界面

4. 操作

单击"增加"按钮打开费用发票登记界面，界面如图 4-2-41 所示。

图 4-2-41　新增费用发票登记界面

（1）单击"待开票费用"按钮，引入相关单据，完善发票号、发票类型等相关信息。

（2）完成费用发票登记后，单击"保存"按钮，保存费用发票。

（3）单击"打印"按钮，对费用发票进行打印。费用发票样例如图 4-2-42 所示。

宁波大红鹰大宗商品商学院 费用发票

第1页/共1页

单据日期：2017-05-17　　　　　　发票号：02382767　　　　　　单据号：FYFP000617000926

开票单位：DHY五矿钢铁宁波工贸有限公司　　　关联发票号：　　　　　　发票类别：增值税发票

备注：

费用名称	业务单号	方向	发票重量	含税单价	发票金额	税率	无税单价	无税金额
DHY入库费	RK000617001165	应收	180.00	10.00	1800.00	0.17	8.55	1538.46
DHY运费	FH000617000773	应收	180.00	12.00	2160.00	0.17	10.27	1846.15
DHY出库费	CK000617000748	应收	180.00	15.00	2700.00	0.17	12.82	2307.69
DHY运费	YFDY000617000262	应收	220.00	12.00	2640.00	0.17	10.27	2256.41
DHY出库费	YFST000617000232	应收	220.00	15.00	3300.00	0.17	12.82	2820.51
DHY出库费	DXST000617000227	应收	350.00	15.00	5250.00	0.17	12.82	4487.18
DHY运费	DXZC000617000238	应收	350.00	12.00	4200.00	0.17	10.27	3589.74
合计			1680		22050.00			18846.14

业务机构：宁波大红鹰大宗商学院　　　业务部门：DHYYANSHI　　　　　打印日期：2017-05-17 18:21:12

图 4-2-42　费用发票样例

第三节　大宗商品供应链库存管理业务

一、实验目的

● 熟悉库存管理业务的操作模式。

● 熟悉库存管理业务过程中的入库登记、过户登记、加工任务登记、加工验收登记、发货登记、出库实提登记、物资调整登记、库位调整登记、物资损益登记、物资翻包登记、收款单登记、费用发票等具体的操作管理方法。

● 熟练掌握库存管理业务的核心思想，理解课堂知识，掌握实践技能。

二、实验背景

由于货主之间达成协议，五矿钢铁宁波工贸有限公司将在某公司物流园中的热卷过户给新货主宁波江北天航工贸有限公司，然后该公司物流园接到新货主的加工任务要求，需将钢卷加工成钢板后再进行销售，然后宁波江北天航工贸有限公司安排加工任务单，该公司根据宁波江北天航工贸有限公司的加工要求，对仓库中的物资信息进行加工处理，然后根据宁波江北天航工贸有限公司的发货信息对加工后的物资进行发货和出库。在实际的发货过程中由于过磅验收有量差，所以该公司根据宁波江北天航工贸有限公司的相关调整要求进行一系列的库内信息调整处理（货主也可通过远程协同查询自己的到过户信息和费用信息）。

三、实验步骤

第 1 步：入库登记。

第 2 步：过户登记。

第 3 步：加工任务登记。

第 4 步：加工验收登记。

第 5 步：发货登记。

第 6 步：出库实提登记。

第 7 步：物资调整登记。

第 8 步：库位调整登记。

第 9 步：物资损益登记。

第 10 步：物资翻包登记。

第 11 步：收款单登记。

第 12 步：费用发票登记。

四、数据范例

库存管理业务数据范围如表 4-3-1 所示。

表 4-3-1 库存管理业务数据范例

货主信息	旧货主：五矿钢铁宁波工贸有限公司 新货主：宁波江北天航工贸有限公司
物资相关信息	品名：热卷 材质：Q235B 规格：9.75×15.00×57.90 米 产地：沙钢 仓库：宁波物产物流基地 加工成：热轧钢板，材质：Q235B；规格：12.00×9.00 米 入库数量 80 件，重量 1600.00 吨；过户数量 80 件，1600.00 吨；加工基料 2 件，重量 100.00 吨；成品 50 件，100.00 吨；发货 25 件，重量 50.00 吨；库位调整 25 件，重量 50.00 吨；物资翻包 40 件
费用信息	过户费每吨 5.00 元；加工费每吨 50.00 元；移库费每吨 10.00 元；翻包费每吨 5.00 元

五、实验要求

学生依据实验步骤进行库存管理的自主练习操作。

学生在实验任务操作当中的每一个步骤，均需截图到实验报告当中，并对每个步骤进行解释说明。实验报告主要包含实验背景、实验任务、业务流程、操作过程（见实验报告模板）。业务流程要求画出该实验场景中的所有业务对应的流程图，操作过程要求对每步骤用语言描述对应的业务场景。

六、实验操作

(一) 入库登记

1. 菜单

进入"仓储物流管理"—"仓储管理"—"入库管理"—"入库登记"界面。

2. 功能描述

可以进行物资入库的登记操作。

3. 界面

入库登记界面如图 4-3-1 所示。

图 4-3-1 入库登记界面

4. 操作

单击"增加"按钮新增入库单据,界面如图 4-3-2 所示。

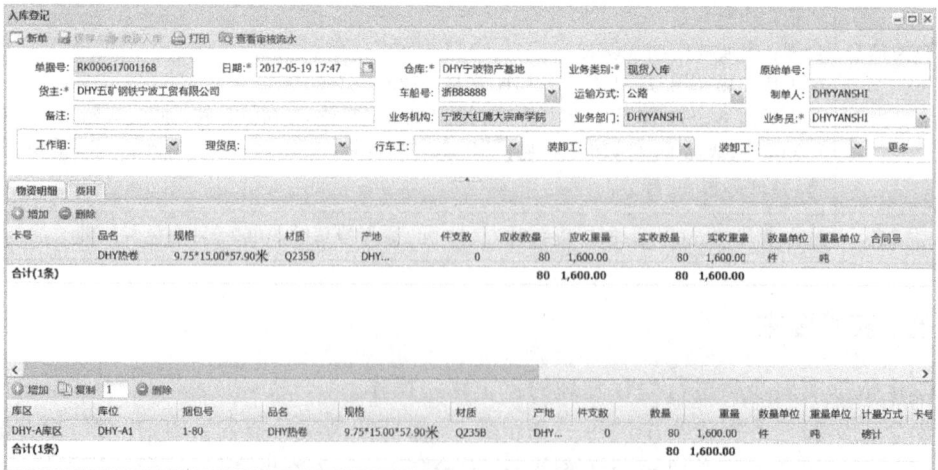

图 4-3-2 新增入库登记界面

(1) 选择“业务类别”为“现货入库”,输入“货主”为“DHY 五矿钢铁宁波工贸有限公司”;“仓库”为“DHY 宁波物产基地”。单击物资明细中的“增加”按钮添加入库物资明细。

品名：DHY 热卷;材质：Q235B;规格：9.75×15.00×57.90 米;产地：DHY 沙钢;申请数量 80 件;申请重量：1600.00 吨。

(2) 可在码单明细后,通过单击“增加”按钮对明细进行配码。

(3) 可在“费用”明细界面中进行登记,单击“增加”按钮添加入库费信息。如图 4-3-3 所示。

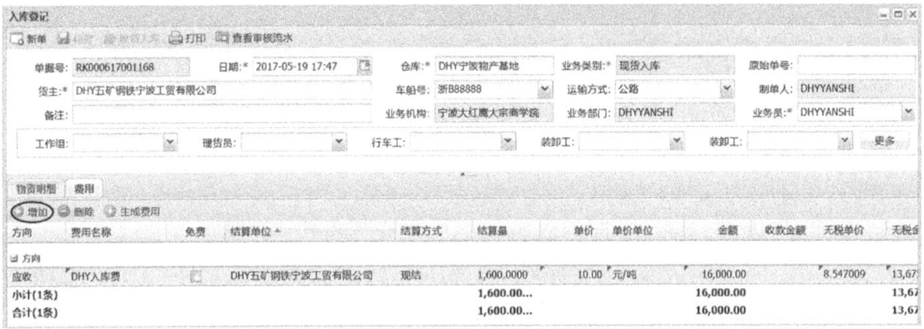

图 4-3-3　入库登记—入库费操作界面

(4) 完成入库登记单据信息输入后,单击“保存”按钮,保存入库登记单据。

(5) 单据保存后,可单击“打印”按钮,对入库单进行打印。入库单样例如图 4-3-4 所示。

宁波大红鹰大宗商品商学院入库单　　第1页/共1页

日期：2017-05-19　　原始单号：　　单据号：RK000617001168

货主：DHY五矿钢铁宁波工贸有限公司　　业务类别：现货入库

仓库：DHY宁波物产基地　　车船号：浙B88888

备注：　　运输方式：公路

品名	材质	产地	规格	卡号	数量	重量	单位	计量方式	备注
DHY热卷	Q235B	DHY沙钢	9.75×15.00×57.90		80	1600.00	吨	磅计	
DHYYANSHI	应收	10.00	16,000.00	现结					费用
小计					80	1600.00			
合计					80	1600.00			

业务部门：DHYYANSHI　　打印人：DHYYANSHI　　打印日期：2017-05-19 17:47:29

图 4-3-4　入库单样例

(6)返回明细界面对单据进行“审核”,输入“现货入库”后点击“审核”按钮。具体如图 4-3-5所示。

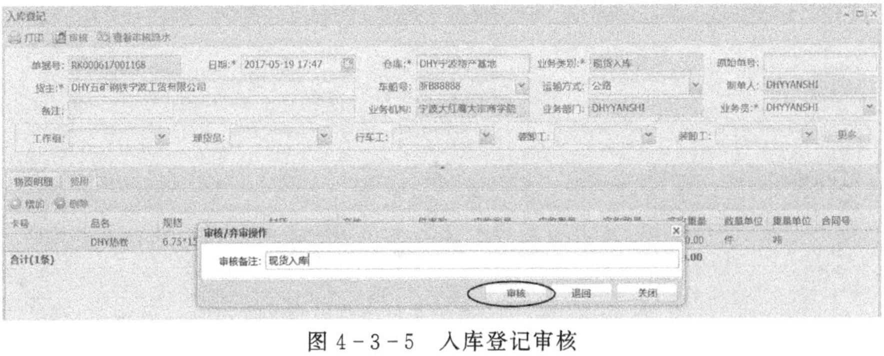

图 4-3-5　入库登记审核

(二) 过户登记

1. 菜单

进入"仓储物流管理"—"仓储管理"—"过户管理"—"过户登记"界面。

2. 功能描述

可以进行库物资过户登记操作。

3. 界面

过户登记界面如图 4-3-6 所示。

图 4-3-6　过户登记界面

4. 操作

单击"增加"按钮新增过户登记,界面如图 4-3-7 所示。

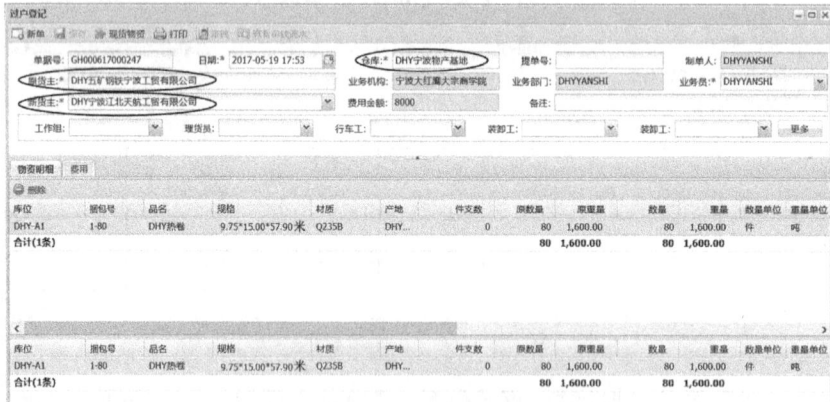

图 4-3-7　新增过户登记操作界面

图 4-3-8　过户登记—过户费操作界面

（1）输入"货主"为"DHY 五矿钢铁宁波工贸有限公司"；"仓库"为"DHY 宁波物产基地"。单击"现货物资"按钮，在现货物资码单列表中选择需要过户登记的库存物资。

品名：DHY 热卷；材质：Q235B；规格：9.75×15.00×57.90 米；产地：DHY 沙钢；申请数量 80 件；申请重量：1600.00 吨。

（2）可在"费用"明细页中进行登记，单击"增加"按钮添加过户费信息。图 4 - 3 - 8 所示。

（3）完成过户登记信息输入后，单击"保存"按钮，保存过户登记单据。

（4）单击"打印"按钮，对过户单进行打印。过户单样例如图 4 - 3 - 9 所示。

宁波大红鹰大宗商品商学院过户单

第1页/共1页

日期：2017-05-19　　　　仓库：DHY宁波物产基地　　　　单据号：GH000617000247

货主：DHY五矿钢铁宁波工贸有限公司　　　　部门：DHYYANSHI

原因：

类别	库位	卡号	品名	规格	材质	产地	数量	重量
过户前	DHY-A1		DHY热卷	9.75×15.00×57.90	Q235B	DHY沙钢	80	1600.00
过户后	DHY-A1		DHY热卷	9.75×15.00×57.90	Q235B	DHY沙钢	80	1600.00

打印人：DHYYANSHI　　　　打印日期：2017-05-19 17:56:49

图 4 - 3 - 9　过户单样例

（三）加工任务登记

1. 菜单

进入"仓储物流管理"—"加工制造"—"加工任务"—"加工任务登记"界面。

2. 功能描述

可以进行加工任务登记操作。

3. 界面

加工任务登记界面如图 4 - 3 - 10 所示。

图 4 - 3 - 10　加工任务登记界面

4. 操作

单击"增加"按钮新增加工任务登记单，界面如图 4 - 3 - 11 所示。

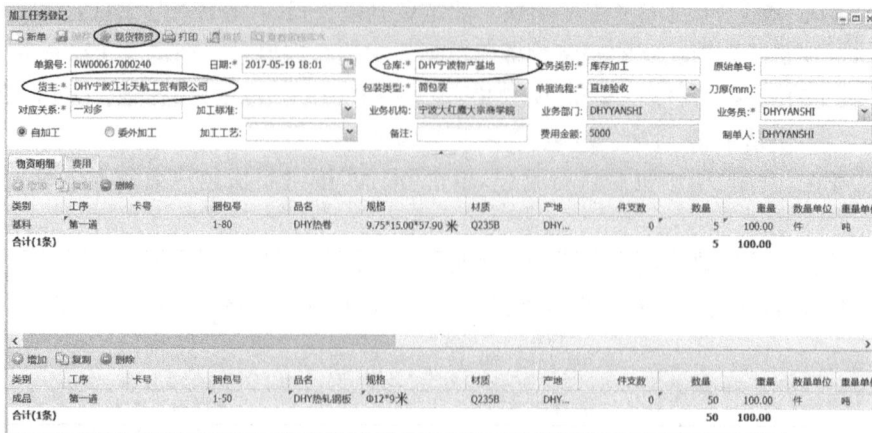

图 4-3-11　新增加工任务登记界面

（1）输入"货主"为"DHY 宁波江北天航工贸有限公司"；"仓库"为"DHY 宁波物产基地"。单击"现货物资"按钮，在现货物资码单列表中选择需要引用的现货物资，输入主表中的信息。

类别：基料；品名：DHY 热卷；申请数量：5 件；申请重量：100.00 吨。

（2）物资选择后，在码单栏单击"增加"按钮增加输入加工成品单物资信息。

类别：成品；品名：DHY 热轧钢板；申请数量：50 件；申请重量：100.00 吨。

（3）可在"费用"明细界面中进行登记，单击"增加"按钮添加加工费信息。如图 4-3-12 所示。

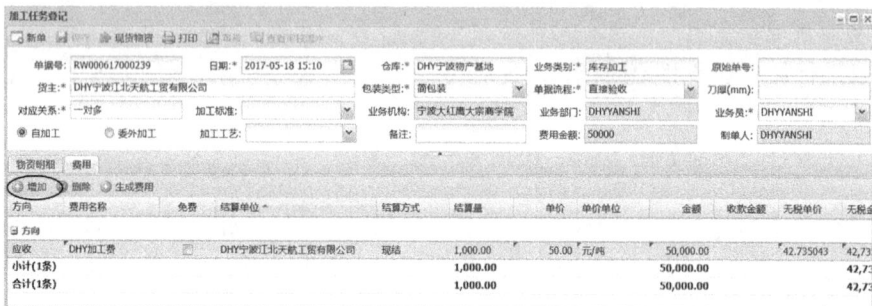

图 4-3-12　加工任务登记—加工费操作界面

（4）完成加工任务登记后，单击"保存"按钮，保存加工任务。

（5）单击"打印"按钮，对加工任务单进行打印。加工任务单样例如图 4-3-13 所示。

宁波大红鹰大宗商品商学院加工任务单　　第1页/共1页

日期：2017-05-19		业务类别：库存加工			单据号：RW000617000240				
货主：DHY宁波江北天航工贸有限公司					原始单号：				
仓库：DHY宁波物产基地		单据流程：直接验收			对应关系：一对多				
类型：自加工		加工标准：			加工工艺：				

类别	工序	品名	材质	产地	规格	卡号	数量	重量	备注
基料	第一道	DHY热卷	Q235B	DHY沙钢	9.75×15.00×57.90		5	100.00	
成品	第一道	DHY热轧钢板	Q235B	DHY沙钢	Φ12×9		50	100.00	

| 业务部门：DHYYANSHI | 制单人：DHYYANSHI | 打印日期：2017-05-19 18:02:29 |

图 4-3-13　加工任务单样例

（6）返回明细界面对单据进行"审核"，输入"加工审核"并点击"审核"按钮。具体如图 4-3-14 所示。

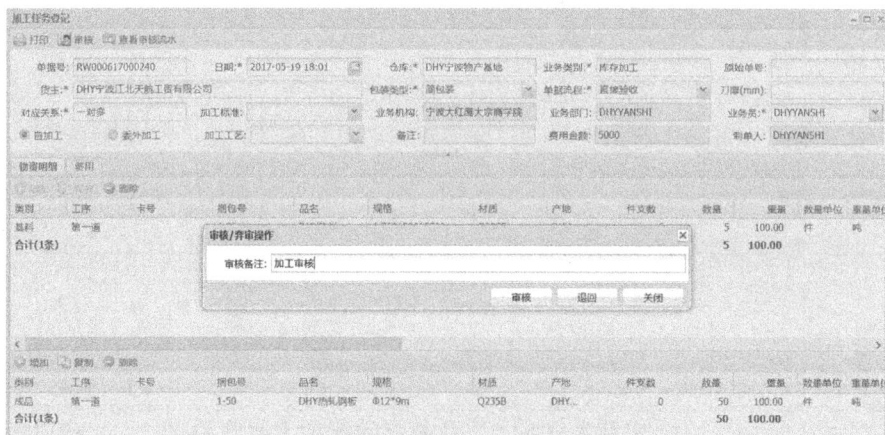

图 4-3-14　加工任务登记审核

（四）加工验收登记

1. 菜单

进入"仓储物流管理"—"加工制造"—"加工任务"—"加工验收登记"界面。

2. 功能描述

可以进行加工验收登记操作。

3. 界面

加工验收登记界面如图 4-3-15 所示。

图 4-3-15　加工验收登记界面

4. 操作

单击"增加"按钮新增加工验收登记单，界面如图 4-3-16 所示。

（1）输入"货主"为"DHY 宁波江北天航工贸有限公司"；"仓库"为"DHY 宁波物产基地"。单击"待加工验收"按钮，在待加工验收单列表中选择需要引用的加工验收物资。

（2）完成对加工验收信息的输入后，单击"保存"按钮，保存加工验收信息。

（3）单击"打印"按钮，对加工验收进行打印。加工验收单样例如图 4-3-17 所示。

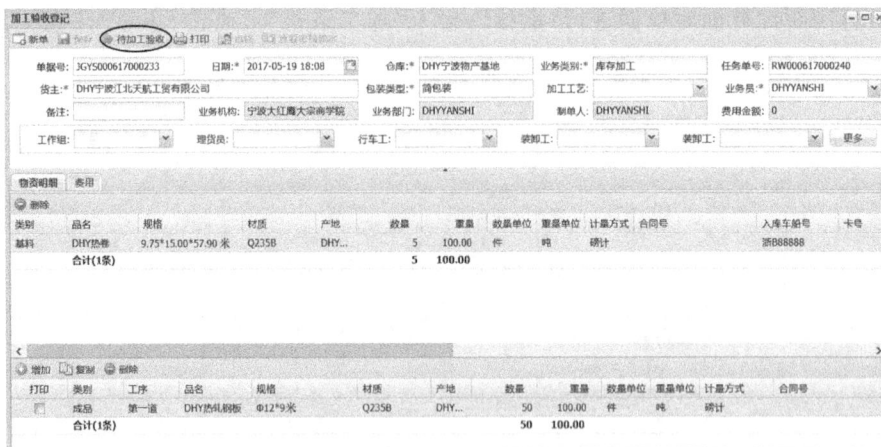

图 4-3-16 加工验收登记

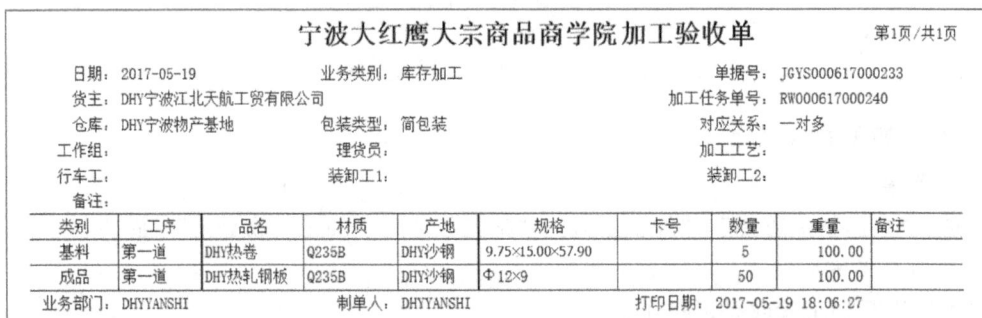

图 4-3-17 加工验收单样例

（4）返回明细界面对单据进行"审核"，输入"加工验收"并点击"审核"按钮。具体如图 4-3-18 所示。

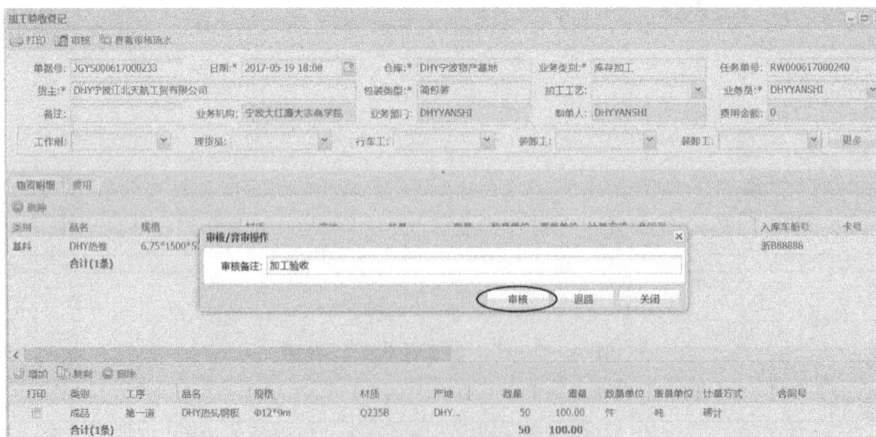

图 4-3-18 加工验收登记审核

（五）发货登记

1. 菜单

进入"仓储物流管理"—"仓储管理"—"出库管理"—"发货登记"界面。

2. 功能描述

可以进行物资发货的登记操作。

3. 界面

发货登记界面如图 4 - 3 - 19 所示。

图 4 - 3 - 19　发货登记界面

4. 操作

单击"增加"按钮新增发货单据,界面如图 4 - 3 - 20 所示。

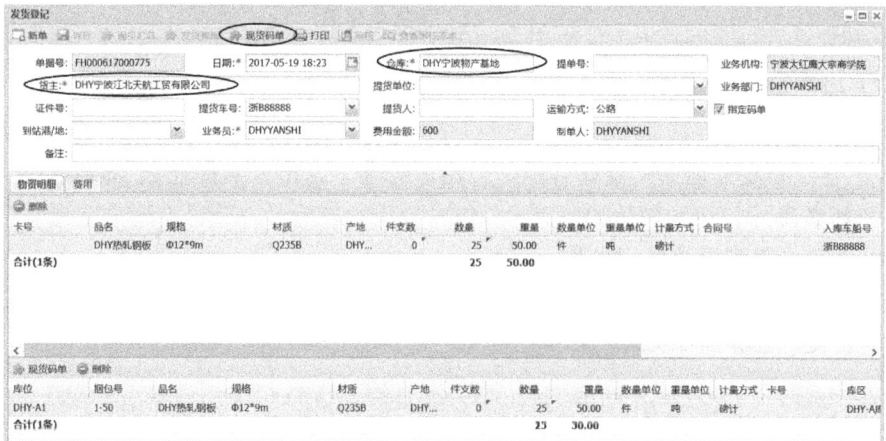

图 4 - 3 - 20　新增发货登记界面

图 4 - 3 - 21　发货登记操作界面

(1) 输入"货主"为"DHY 宁波江北天航工贸有限公司";"仓库"为"DHY 宁波物产基地"。单击"现货码单"按钮,在现货物资码单列表中选择需要发货的现货物资。

品名:DHY 热轧钢板;规格:Φ12×9 米;材质:Q235B;产地:DHY 沙钢;申请数量:25 件;申请重量:50.00 吨。

(2) 可在"费用"明细界面中进行登记,单击"增加"按钮添加运费信息。如图 4-3-21 所示。

(3) 完成发货登记后,单击"保存"按钮,保存发货单。

(4) 单击"打印"按钮,对发货单进行打印。发货单样例如图 4-3-22 所示。

宁波大红鹰大宗商品商学院发货单 　第1页/共1页

日期:2017-05-19　　　　　　　　　　　　　　　单据号:FH000617000775

货主:DHY宁波江北天航工贸有限公司

仓库:DHY宁波物产基地　　　　　提货人:　　　　　　　　　　提单号:

提货车号:浙B88888　　　　　　　证件号:　　　　　　　　　　运输方式:公路

品名	材质	产地	规格	卡号	数量	重量	单位	计量方式	备注
DHY热轧钢板	Q235B	DHY沙钢	Φ12×9		25	50.00	吨	磅计	
DHYYANSHI	应收	12.00	600.00	现结					费用
合计					25	50.00			

业务部门:DHYYANSHI　　　　　制单人:DHYYANSHI　　　　　打印日期:2017-05-19 18:30:33

图 4-3-22　发货单样例

(六) 出库实提登记

1. 菜单

进入"仓储物流管理"—"仓储管理"—"出库管理"—"出库实提登记"界面。

2. 功能描述

可以进行出库实提的登记操作。

3. 界面

出库实提登记界面如图 4-3-23 所示。

图 4-3-23　出库实提登记界面

4. 操作

单击"增加"按钮新增发货单据,界面如图 4-3-24 所示。

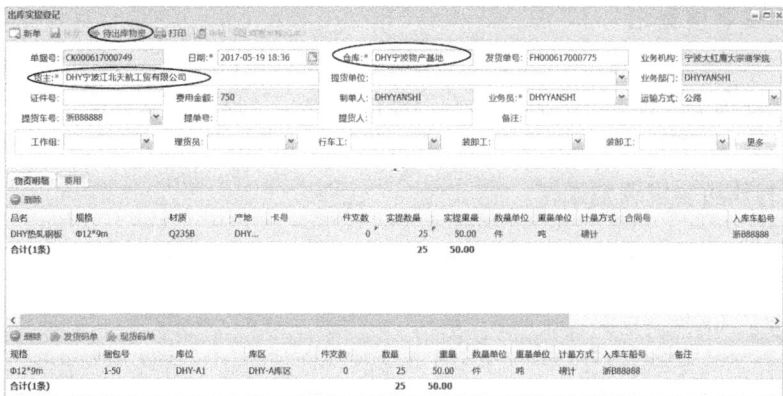

图 4 - 3 - 24 新增出库实提登记界面

（1）输入"货主"为"DHY 宁波江北天航工贸有限公司"；"仓库"为"DHY 宁波物产基地"。单击"待出库物资"按钮，在代实提物资列表中选择需要实提出库的物资。

（2）可在"费用"明细界面中进行登记，单击"增加"按钮添加出库费信息。如图 4 - 3 - 25所示。

图 4 - 3 - 25 出库实提登记操作界面

（3）完成出库实提信息输入后，单击"保存"按钮，保存出库实提。

（4）单击"打印"按钮，对出库实提进行打印。出库实提单样例如图 4 - 3 - 26 所示。

图 4 - 3 - 26 出库实提单样例

（七）物资调整登记

1. 菜单

进入"仓储物流管理"—"仓储管理"—"库内管理"—"物资调整登记"界面。

2. 功能描述

可以进行库内物资调整操作。

3. 界面

物资调整登记界面如图4-3-27所示。

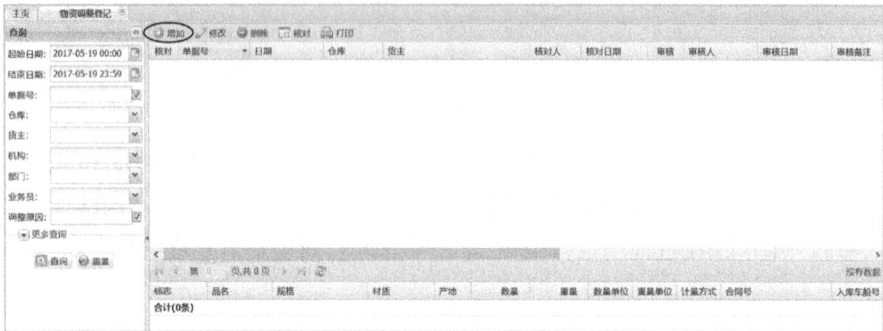

图4-3-27　物资调整登记界面

4. 操作

单击"增加"按钮新增物资调整登记单，界面如图4-3-28所示。

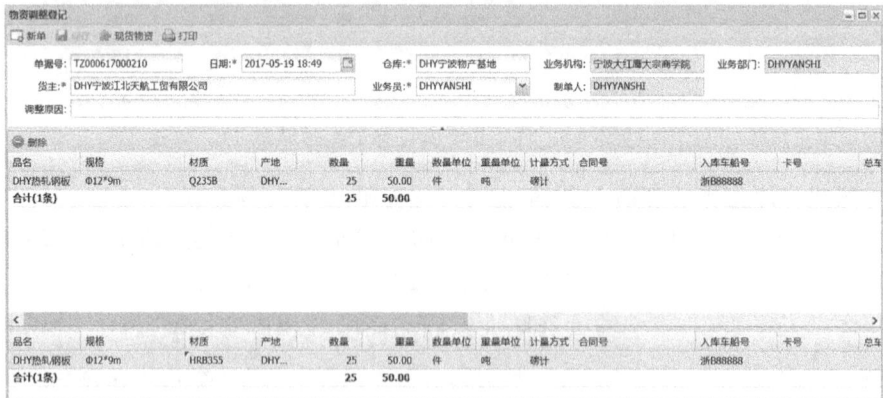

图4-3-28　新增物资调整登记界面

（1）输入"货主"为"DHY宁波江北天航工贸有限公司"；"仓库"为"DHY宁波物产基地"。单击"现货物资"按钮，在现货物资码单列表中选择需要修改的库存物资，将"DHY热轧钢板"的材质修改为"HRB335"。

（2）完成物资调整登记后，单击"保存"按钮，保存物资调整信息。

（3）单击"打印"按钮，对物资调整进行打印。物资调整单样例如图4-3-29所示。

宁波大红鹰大宗商品商学院物资调整

第1页/共1页

日期：2017-05-19　　　　仓库：DHY宁波物产基地　　　　单据号：TZ000617000210

货主：DHY宁波江北天航工贸有限公司　　　　　　　　　　部门：DHYYANSHI

原因：

类别	库位	卡号	品名	规格	材质	产地	数量	重量
物资调整前	DHY-A1		DHY热轧钢板	Φ12×9	Q235B	DHY沙钢	25	50.00
物资调整后	DHY-A1		DHY热轧钢板	Φ12×9	HRB355	DHY沙钢	25	50.00

打印人：DHYYANSHI　　　打印日期：2017-05-19 18:48:10

图 4-3-29　物资调整单样例

(八) 库位调整登记

1. 菜单

进入"仓储物流管理"—"仓储管理"—"库内管理"—"库位调整登记"界面。

2. 功能描述

可以进行库位调整操作。

3. 界面

库位登记调整界面如图 4-3-30 所示。

图 4-3-30　库位调整登记界面

4. 操作

单击"增加"按钮新增物资调整登记单，界面如图 4-3-31 所示。

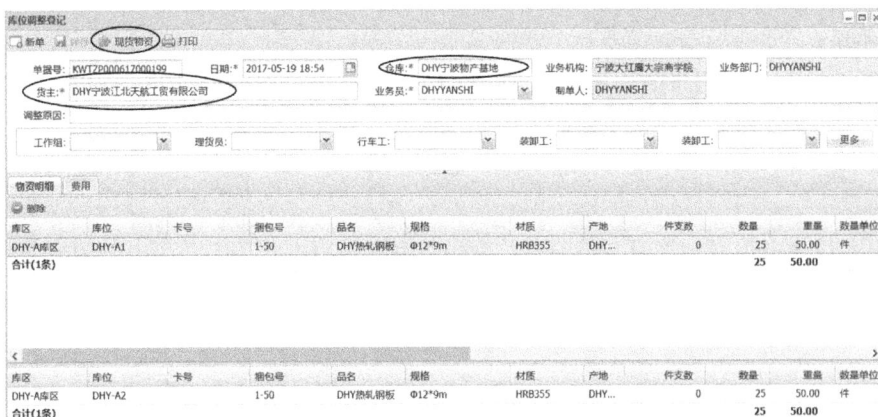

图 4-3-31　新增库位调整登记界面

图4-3-32　库位调整登记—移库费操作界面

（1）输入"货主"为"DHY宁波江北天航工贸有限公司"；"仓库"为"DHY宁波物产基地"。单击"现货物资"按钮，在现货物资码单列表中选择需要修改的库存物资；修改物资库位和库区信息；将库位移至宁波物产基地A库区A2库位。

（2）可在"费用"明细界面中进行登记，单击"增加"按钮添加移库费信息。

（3）完成库位调整后，单击"保存"按钮，保存物资调整信息。

（4）单击"打印"按钮，对库位调整进行打印。库位调整单样例如图4-3-33所示。

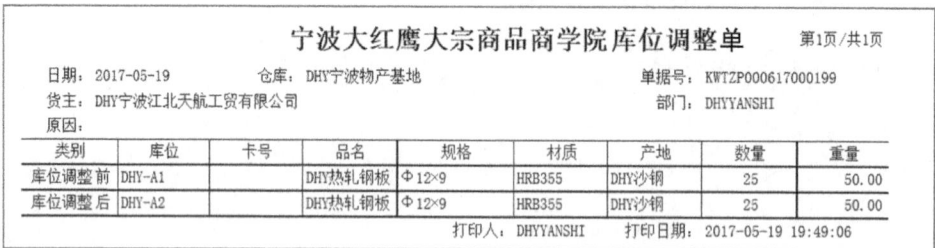

宁波大红鹰大宗商品商学院库位调整单　　第1页/共1页

日期：2017-05-19　　　仓库：DHY宁波物产基地　　　单据号：KWTZP000617000199
货主：DHY宁波江北天航工贸有限公司　　　　　　　　部门：DHYYANSHI
原因：

类别	库位	卡号	品名	规格	材质	产地	数量	重量
库位调整前	DHY-A1		DHY热轧钢板	Φ12×9	HRB355	DHY沙钢	25	50.00
库位调整后	DHY-A2		DHY热轧钢板	Φ12×9	HRB355	DHY沙钢	25	50.00

打印人：DHYYANSHI　　打印日期：2017-05-19 19:49:06

图4-3-33　库位调整单样例

（九）物资损益登记

1. 菜单

进入"仓储物流管理"—"仓储管理"—"库内管理"—"物资损益登记"界面。

2. 功能描述

可以进行物资损益调整操作。

3. 界面

物资损益登记界面如图4-3-34所示。

图4-3-34　物资损益登记界面

4. 操作

单击"增加"按钮新增物资损益登记单,界面如图 4-3-35 所示。

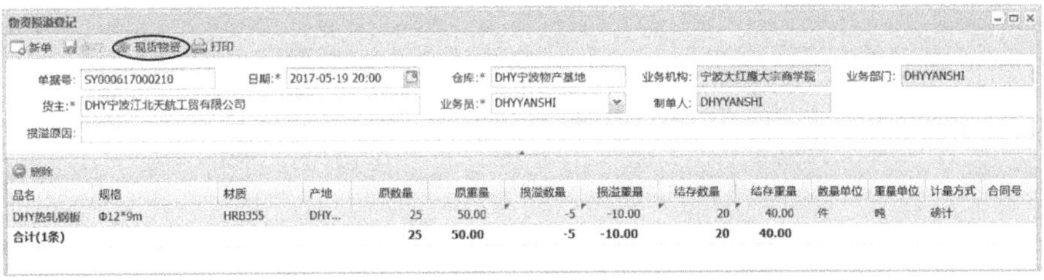

图 4-3-35 新增物资损益登记界面

(1) 单击"现货物资"按钮,在现货物资码单列表中选择需要修改的库存物资;输入物资损益信息:损益数量:-5 件;损益重量:-10.00 吨。

(2) 完成物资损益登记后,单击"保存"按钮,保存货物损益信息。

(3) 单击"打印"按钮,对物资损益进行打印。物资损益单样例如图 4-3-36 所示。

图 4-3-36 物资损益单样例

(十) 物资翻包登记

1. 菜单

进入"仓储物流管理"—"仓储管理"—"库内管理"—"物资翻包登记"界面。

2. 功能描述

可以进行库位调整操作。

3. 界面

物资翻包登记界面如图 4-3-37 所示。

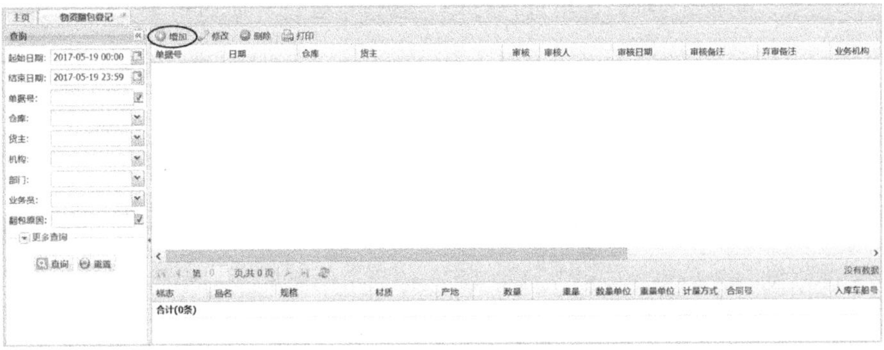

图 4-3-37 物资翻包登记界面

4. 操作

单击"增加"按钮新增物资调整登记单,界面如图 4-3-38 所示。

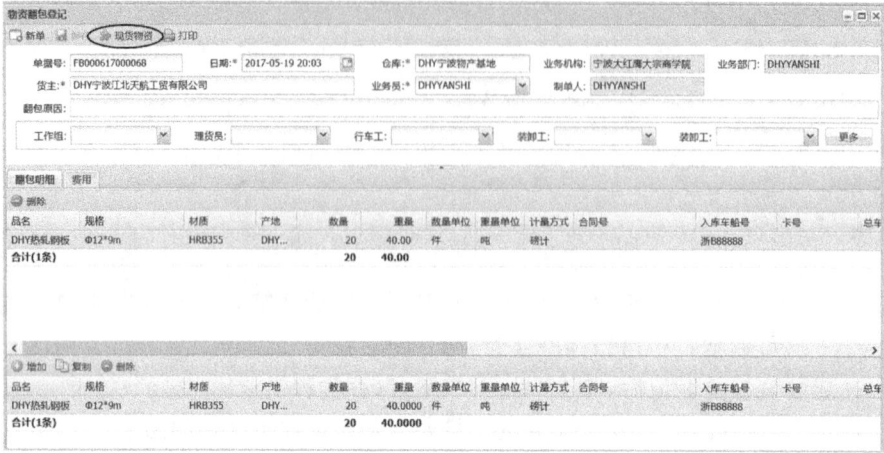

图 4-3-38　新增物资翻包登记界面

(1) 单击"现货物资"按钮,选择相关信息。

(2) 可在"费用"明细界面中进行登记,单击"增加"按钮添加翻包费用信息。如图 4-3-39 所示。

图 4-3-39　物资翻包登记—翻包费操作界面

(3) 完成物资翻包登记后,单击"保存"按钮,保存物资翻包信息。

(4) 单击"打印"按钮,对翻包单进行打印。翻包单登记界面如图 4-3-40 所示。

宁波大红鹰大宗商品商学院翻包单

第1页/共1页

日期: 2017-05-19　　　　仓库: DHY宁波物产基地　　　　单据号: FB000617000068
货主: DHY宁波江北天航工贸有限公司　　　　部门: DHYYANSHI
原因:

类别	库位	卡号	品名	规格	材质	产地	数量	重量
翻包 前	DHY-A2		DHY热轧钢板	Φ12×9	HRB355	DHY沙钢	20	40.00
翻包 后	DHY-A2		DHY热轧钢板	Φ12×9	HRB355	DHY沙钢	20	40.00

打印人: DHYYANSHI　　　　打印日期: 2017-05-19 20:04:13

图 4-3-40　翻包单

(十一) 收款单登记

1. 菜单

进入"仓储物流管理"—"财务管理"—"收款管理"—"收款单登记"界面。

2. 功能描述

可以对收款单进行增加、修改、删除、打印的操作。

3. 界面

收款单登记界面如图 4-3-41 所示。

图 4-3-41　收款单登记界面

4. 操作

单击"增加"按钮打开收款单登记界面,界面如图 4-3-42 所示。

图 4-3-42　新增收款单登记界面

图 4-3-43　收款单登记操作界面

（1）单击"待收款"按钮，完善相关信息。如图4-3-43所示。

（2）完成收款单登记后，单击"保存"按钮，保存收款单。

（3）单击"打印"按钮，对收款单进行打印。收款单样例如图4-3-44、图4-3-45所示。

宁波大红鹰大宗商品商学院收款单
第1页/共1页

单据号：SKD000617001049　　收款日期：2017-05-19　　收款人：DHYYANSHI
结算单位：DHY五矿钢铁宁波工贸有限公司　　　　　　　　业务部门：DHYYANSHI
货主：DHY五矿钢铁宁波工贸有限公司
备注：　　　　　　　　　　　　　　　　　　　　　　　制单人：DHYYANSHI

结算方式	实收金额	备注
现结	24,000.00	DHY入库费,DHY过户费
合计	24,000.00	

打印日期：2017-05-19 20:06:37

图4-3-44　收款单——以宁波五矿为例

宁波大红鹰大宗商品商学院收款单
第1页/共1页

单据号：SKD000617001050　　收款日期：2017-05-19　　收款人：DHYYANSHI
结算单位：DHY宁波江北天航工贸有限公司　　　　　　　业务部门：DHYYANSHI
货主：DHY宁波江北天航工贸有限公司
备注：　　　　　　　　　　　　　　　　　　　　　　　制单人：DHYYANSHI

结算方式	实收金额	备注
现结	7,050.00	DHY加工费,DHY运费,DHY出库费,DHY移库费,DHY翻包费
合计	7,050.00	

打印日期：2017-05-19 20:08:37

图4-3-45　收款单——以江北天航为例

（十二）费用发票登记

1. 菜单

进入"仓储物流管理"—"财务管理"—"费用发票"—"费用发票登记"界面。

2. 功能描述

可以对费用发票进行增加、修改、删除、打印的操作。

3. 界面

费用发票登记界面如图4-3-46所示。

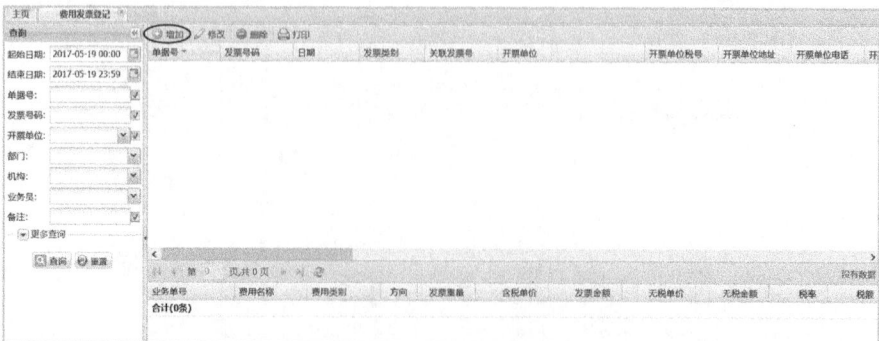

图4-3-46　费用发票登记界面

4. 操作

单击"增加"按钮打开费用发票登记界面，界面如图 4-3-47 所示。

图 4-3-47　费用发票登记界面——以宁波五矿为例

（1）单击"代开票费用"按钮，引用相关物资信息，输入开票单位、税号、地址、账号、电话、开户行、公司银行、公司账号、钢厂结算号等，在日期、发票类别、业务员、开票限制等下拉菜单中进行选择。

（2）完成费用发票登记后，单击"保存"按钮，保存费用发票信息。如图 4-3-48 所示。

图 4-3-48　费用发票登记界面——以江北天航为例

（3）单击"打印"按钮，对费用发票进行打印。费用发票样例如图 4-3-49、图 4-3-50 所示。

宁波大红鹰大宗商品商学院 费用发票

第1页/共1页

单据日期：2017-05-19　　　　发票号：02283112　　　　单据号：FYFP000617000927

开票单位：DHY五矿钢铁宁波工贸有限公司　　关联发票号：　　　　发票类别：增值税发票

备注：

费用名称	业务单号	方向	发票重量	含税单价	发票金额	税率	无税单价	无税金额
DHY入库费	RK000617001168	应收	1,600.00	10.00	16000.00	0.17	8.55	13675.21
DHY过户费	GH000617000247	应收	1,600.00	元/车	8000.00	0.17	4.27	6837.61
合计			3200.00		24000.00			20512.82

业务机构：宁波大红鹰大宗商学院　　业务部门：DHYYANSHI　　　　　打印日期：2017-05-19 20:12:11

图 4-3-49　费用发票样例——以宁波五矿为例

宁波大红鹰大宗商品商学院 费用发票

第1页/共1页

单据日期：2017-05-19　　　　发票号：02283113　　　　单据号：FYFP000617000928

开票单位：DHY宁波江北天航工贸有限公司　　关联发票号：　　　发票类别：增值税发票

备注：

费用名称	业务单号	方向	发票重量	含税单价	发票金额	税率	无税单价	无税金额
DHY加工费	RW000617000240	应收	100.00	50.00	5000.00	0.17	42.74	4273.50
DHY运费	FH000617000775	应收	50.00	12.00	600.00	0.17	10.26	512.82
DHY出库费	CK000617000749	应收	50.00	15.00	750.00	0.17	12.82	641.03
DHY移库费	KWTZP000617000199	应收	50.00	10.00	500.00	0.17	8.55	427.35
DHY翻包费	FB000617000068	应收	40.00	10.60	200.00	0.17	4.27	170.94
合计			290		7050.00			6025.64

业务机构：宁波大红鹰大宗商学院　　业务部门：DHYYANSHI　　　打印日期：2017-05-19 20:14:21

图 4-3-50　费用发票样例——以江北天航为例

第五章　大宗商品供应链金融管理系统实训篇

第一节　大宗商品供应链仓单融资动态质押

一、实验目的

● 熟悉仓单融资动态质押业务的操作模式。

● 熟悉仓单融资动态质押业务过程中的系统设置（监管方）、入库通知（融资方）、仓库验收登记（监管方）、融资申请登记（融资方）、融资仓库审核（监管方）、融资银行审核、融资补款登记（融资方）、补款仓库审核（监管方）、补款银行审核、融资还款登记、还款仓库审核（监管方）、还款银行审核、仓库出库登记（监管方）等具体的操作管理方法。

● 熟练掌握仓单融资动态质押业务的核心思想，理解课堂知识，掌握实践技能。

二、实验背景

由于业务需求，上海钢富电子商务股份有限公司（融资方）向上游供应单位购买物资，物资出厂后融资方通知仓库：长江金属物流有限公司（监管方）收货，并将物资存放在仓库中，上海钢富电子商务股份有限公司将需要仓库收货的物资信息进行登记；长江金属物流有限公司（监管方）接到融资方单位的入库通知，在物资到达仓库后组织仓库人员进行物资验收，仓库方将物资验收的实际信息进行登记。

上海钢富电子商务股份有限公司由于目前公司资金紧张，遂将存放于监管方仓库的物资采用动态质押方式质押给银行，银行委托仓库单位进行物资监管，上海钢富电子商务股份有限公司将需要质押的相关信息进行登记，单据保存成功后，锁定融资方质押的仓库物资可供量；仓库（监管方）审核融资方单位的融资申请；银行方审核融资方单位的融资申请；银行方审核成功融资方单位的融资申请后，将贷款通过银行资金系统发放到融资方单位的银行账户中；由于市场价格波动，质押的物资单价在低于银行风险单价的情况下，银行通知融资方进行补款；融资方单位接到银行的补款通知，进行融资补款单登记；仓库（监管方）审核融资方单位的融资补款登记；银行方审核融资方单位的融资补款登记。

由于公司业务发展良好，融资方公司资金压力减小，遂向银行方赎货，融资方将赎货的信息进行登记，关联融资申请信息，填入还货的数量、重量、金额，并将还货的金额通过银行资金系统转到银行指定的账号上；仓库（监管方）审核融资方单位的融资还款单据；银行方审核融资方单位的融资还款单据，审核成功后，当融资类别为动态质押时，根据还款数量、还款重量、还款金额释放仓库物资锁定量；仓库物资锁定量释放后,融资方单位可以办理物资出库信息。

注：本实验为了能够验证仓单融资的动态性,故录入 2 笔业务。

三、实验步骤

(一) 流程图

大宗商品供应链仓单融资业务流程如图 5-1-1 所示。

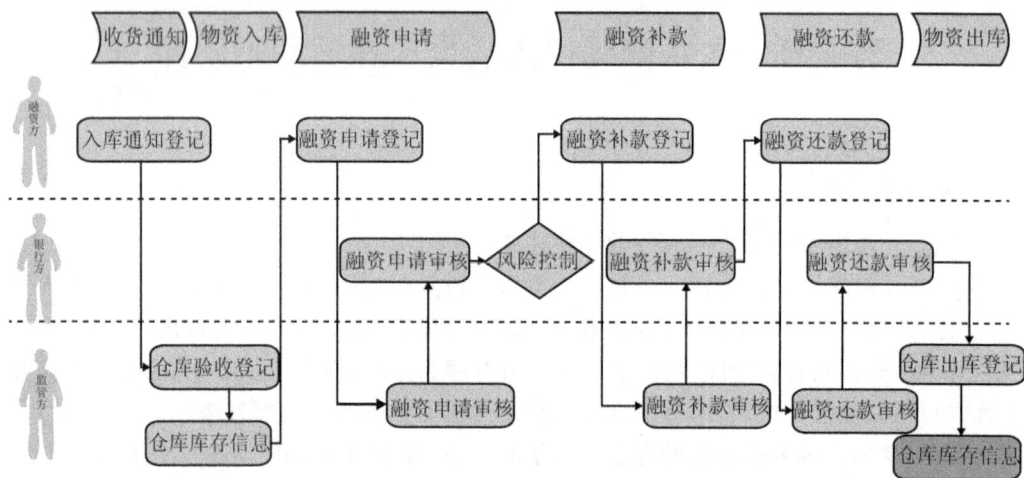

图 5-1-1 大宗商品供应链仓单融资业务流程

(二) 具体步骤

第 1 步：系统设置(监管方)。

第 2 步：入库通知(融资方)。

第 3 步：仓库验收登记(监管方)。

第 4 步：融资申请登记(融资方)。

第 5 步：融资仓库审核(监管方)。

第 6 步：融资银行审核。

第 7 步：融资补款登记(融资方)。

第 8 步：补款仓库审核(监管方)。

第 9 步：补款银行审核。

第 10 步：融资还款登记。

第 11 步：还款仓库审核(监管方)。

第 12 步：还款银行审核。

第 13 步：仓库出库登记(监管方)。

四、数据范例

仓单融资动态质押数据范例如图 5-1-1 所示。

表 5-1-1　仓单融资动态质押数据范例

融资单位	上海钢富电子商务股份有限公司
监管单位	长江金属物流有限公司
银行名称	建设银行
相关信息	品名：盘螺 材质：HPB235 规格：12Φ 产地：宝钢 数量：5 重量：10.00 数量单位：件 重量单位：吨 单价：1850.00 元 金额：18500.00 元 融资类型：仓单融资 融资类别：动态融资
基础数据	大类：建材 品名：盘螺 材质：HPB235 规格：12Φ 产地：宝钢
要求	对货物进行 2 笔录入 第一笔：申请数量：10 件；申请重量：20.00 吨 第二笔：申请数量：5 件；申请重量：10.00 吨

五、实验要求

学生依据实验步骤进行仓单融资动态质押的自主练习操作。

学生在实验任务操作当中的每一个步骤,均需截图到实验报告当中,并对每个步骤进行解释说明。实验报告主要包含实验背景、实验任务、业务流程、操作过程(见实验报告模板)。业务流程要求画出该实验场景中的所有业务对应的流程图,操作过程要求对每步骤用语言描述对应的业务场景。

六、实验操作

(一) 系统设置(监管方)

1. 大类设置

(1) 菜单

进入"系统设置"—"大类设置"界面。

（2）功能描述

可以进行物资类别的登记操作。

（3）界面

大类设置界面如图 5-1-2 所示。

图 5-1-2　大类设置界面

（4）操作

单击"添加"按钮新增大类设置，并"确认保存"，界面如图 5-1-3 所示。

图 5-1-3　新增大类设置界面

2. 品名设置

（1）菜单

进入"系统设置"—"品名设置"界面。

（2）功能描述

可以进行物资品名的登记操作。

（3）界面

品名设置界面如图 5-1-4 所示。

图 5-1-4　品名设置界面

（4）操作

单击"添加"按钮新增品名设置，并"确认保存"，界面如图 5-1-5 所示。

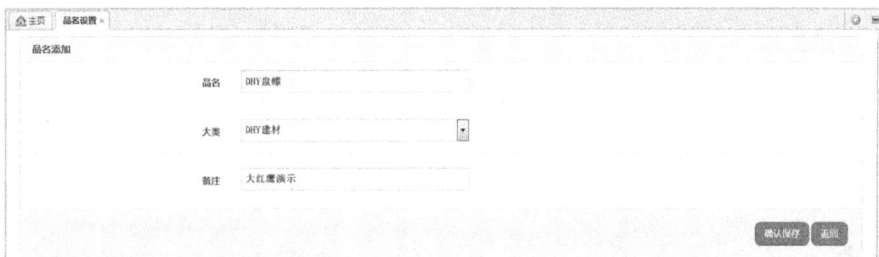

图 5-1-5　新增品名设置界面

3. 产地设置

（1）菜单

进入"系统设置"—"产地设置"界面。

（2）功能描述

可以进行物资产地的登记操作。

（3）界面

产地设置界面如图 5-1-6 所示。

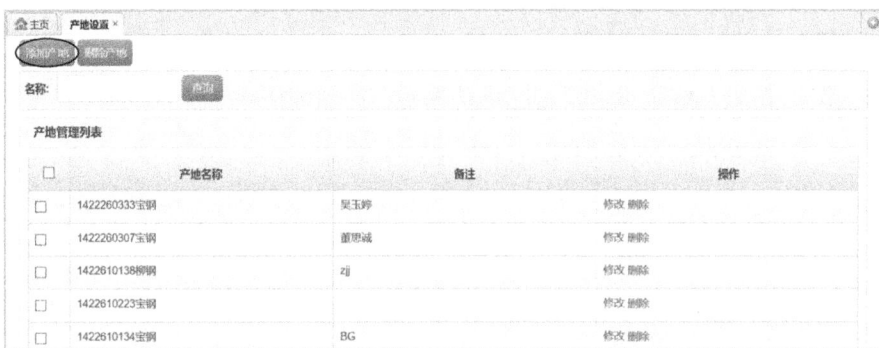

图 5-1-6　产地设置界面

（4）操作

单击"添加"按钮新增大类设置，并"确认保存"，界面如图 5-1-7 所示。

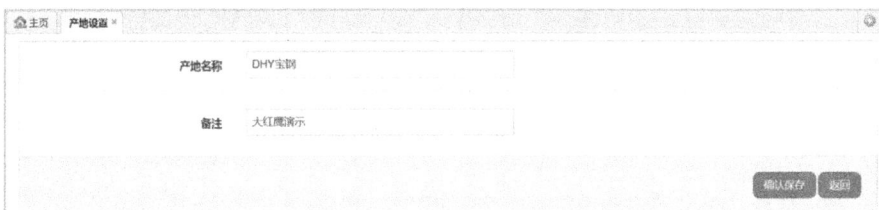

图 5-1-7　新增产地设置界面

4. 物资设置

（1）菜单

进入"系统设置"—"物资设置"界面。

（2）功能描述

可以进行物资材质、规格的登记操作。

（3）界面

物资设置界面如图 5-1-8 所示。

图 5-1-8　物资设置界面

（4）操作

单击"添加"按钮新增物资设置，并"确认保存"，界面如图 5-1-9 所示。

图 5-1-9　新增物资设置界面

4. 单位设置

（1）菜单

进入"系统设置"—"单位设置"界面。

（2）功能描述

可以对监管单位、融资单位进行登记操作，下面以融资单位为例。

（3）单位设置界面如图 5-1-10 所示。

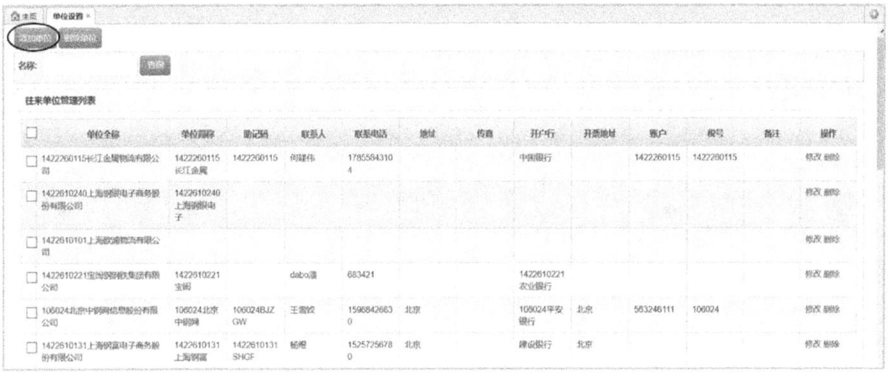

图 5-1-10 单位设置界面

（4）操作

单击"添加"按钮新增单位设置，并"确认保存"，界面如图 5-1-11 所示。

图 5-1-11 新增单位设置界面

5. 银行设置

（1）菜单

进入"系统设置"—"银行设置"界面。

（2）功能描述

可以对银行进行设置。

（3）界面

银行设置界面如图 5-1-12 所示。

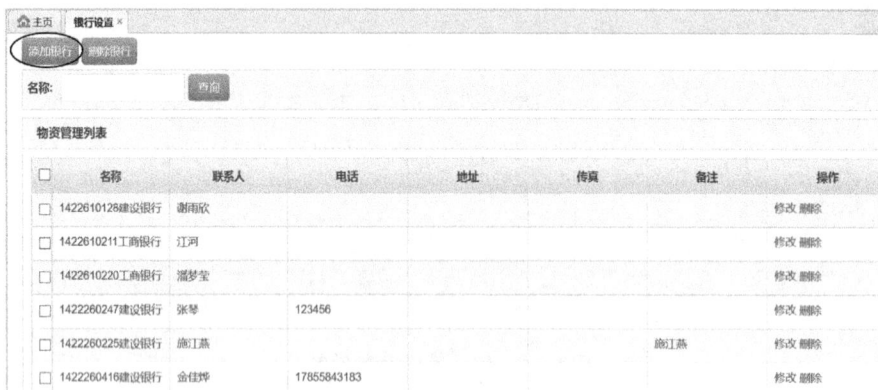

图 5-1-12　银行设置界面

（4）操作

单击"添加"按钮新增银行，并"确认保存"，界面如图 5-1-13 所示。

图 5-1-13　新增银行设置界面

（二）入库通知（融资方）

1. 菜单

进入"单据登记"—"入库通知"界面。

2. 功能描述

可以进行物资入库的登记操作。

3. 界面

入库通知登记界面如图 5-1-14 所示。

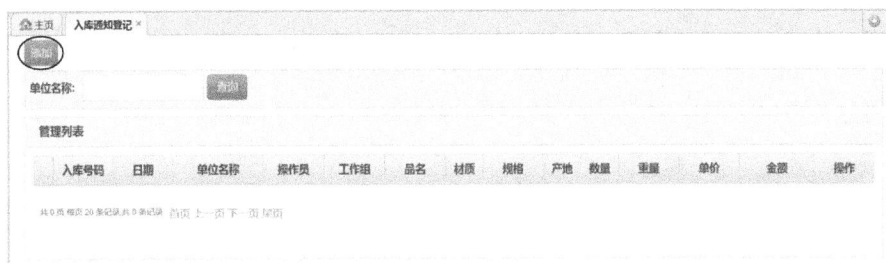

图 5-1-14　入库通知登记界面

4. 操作

单击"添加"按钮新增入库通知单据,界面如图 5-1-15、图 5-1-16 所示。

图 5-1-15　新增入库通知登记界面

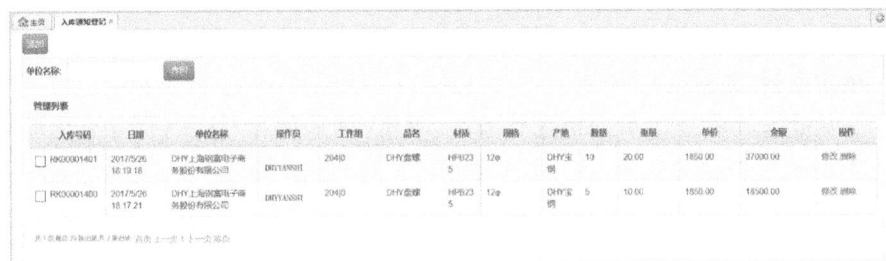

图 5-1-16　入库通知登记操作界面

(1) 双击"单位名称"按钮,选择单位名称为"DHY 上海钢富电子商务股份有限公司"。单击"物资"按钮,选择物资明细信息。

品名:DHY 盘螺;材质:HPB235;规格:12Φ;产地:DHY 宝钢;申请数量分别是10 件,5 件;申请重量分别是:20.00 吨,10.00 吨。

(2) 完成入库通知登记单据信息输入后,单击"确认保存"按钮,保存入库通知登记单据。

(三) 仓库验收登记(监管方)

1. 菜单

进入"单据登记"—"仓库验收登记"界面。

2. 功能描述

可以进行仓库验收的登记操作。

3. 界面

仓库验收登记界面如图 5-1-17 所示。

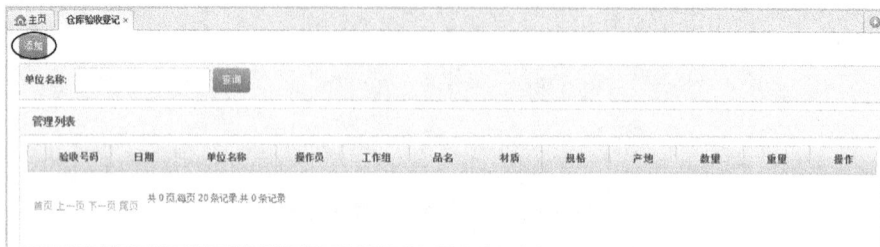

图 5-1-17　仓库验收登记界面

4. 操作

单击"添加"按钮新增仓库验收单据,界面如图 5-1-18、图 5-1-19 所示。

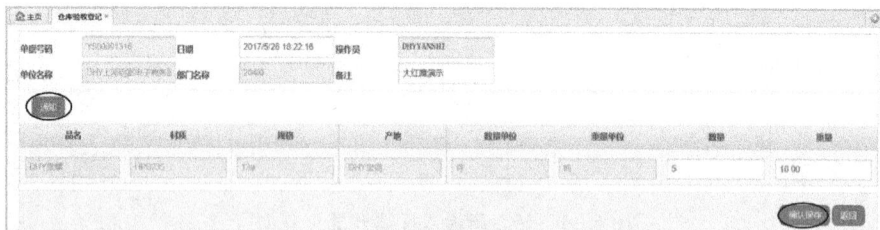

图 5-1-18　新增仓库验收登记界面

(1) 单击"通知"按钮,选择入库通知单据信息。

(2) 确定数量、重量信息。

(3) 完成仓库验收登记单据信息输入后,单击"确认保存"按钮,保存仓库验收登记单据。

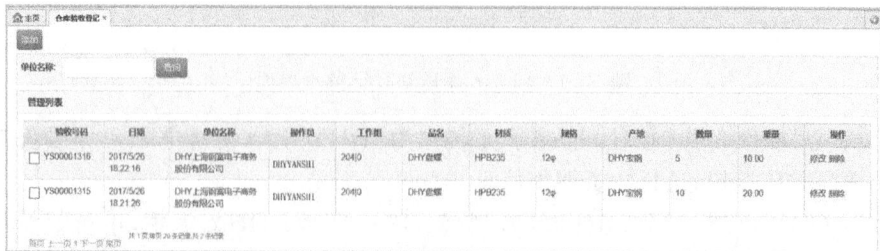

图 5-1-19　仓库验收登记具体登记记录界面

(四) 融资申请登记(融资方)

1. 菜单

进入"单据登记"—"融资申请登记"界面。

2.功能描述

可以进行融资申请的登记操作。

3.界面

融资申请登记界面如图5-1-20所示。

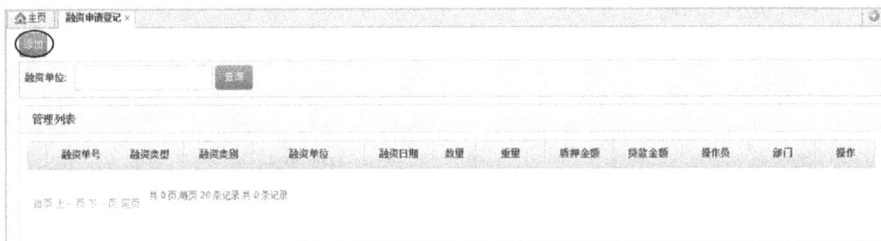

图5-1-20　融资申请登记界面

4.操作

单击"添加"按钮新增融资申请单据,界面如图5-1-21所示。

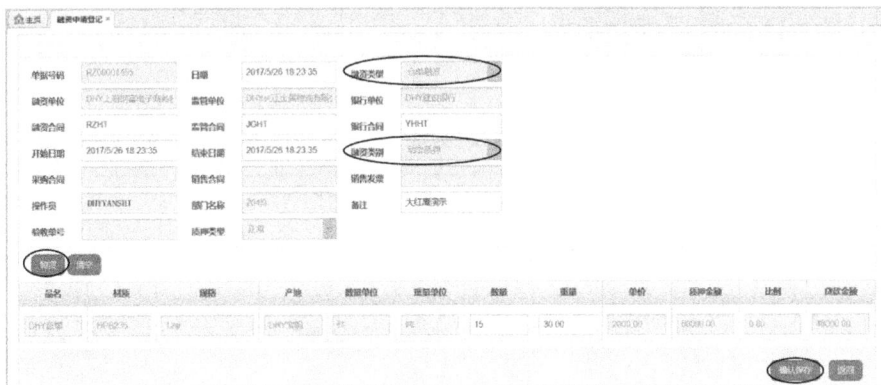

图5-1-21　融资申请登记

(1)确定"融资类型"为仓单融资。

(2)双击"融资单位"按钮,选择"融资方单位"为"DHY上海钢富电子商务股份有限公司"。

(3)双击"监管单位"按钮,选择"监管方单位"为"DHY长江金属物流有限公司"。

(4)双击"银行单位"按钮,选择"银行方单位"为"DHY建设银行"。

(5)选择融资类别为"动态质押",单击"物资"按钮引用货物汇总信息。

(6)确定数量、重量、单价、质押金额、比例、贷款金额等信息。

(7)完成融资申请登记单据信息输入后,单击"确认保存"按钮,保存融资申请登记单据。

(8) 打印仓单。仓单样例如图 5 - 1 - 22 所示。

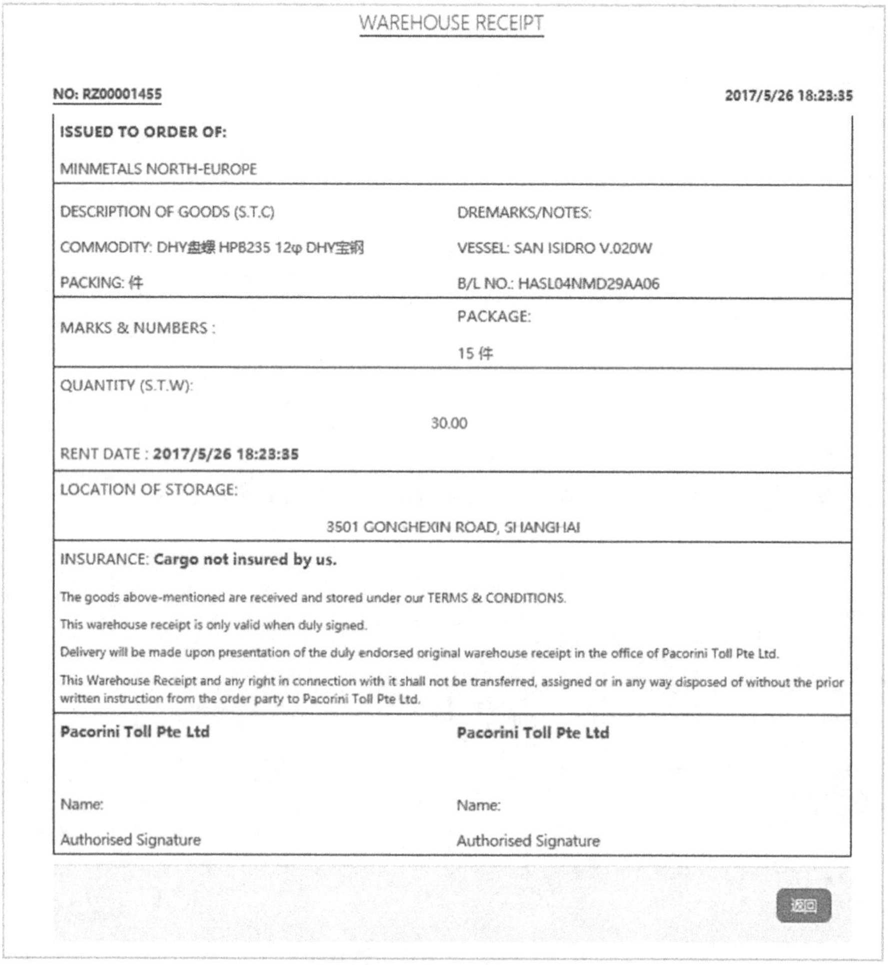

WAREHOUSE RECEIPT

NO: RZ00001455　　2017/5/26 18:23:35

ISSUED TO ORDER OF:

MINMETALS NORTH-EUROPE

DESCRIPTION OF GOODS (S.T.C)

COMMODITY: DHY盘螺 HPB235 12φ DHY宝钢

PACKING: 件

DREMARKS/NOTES:

VESSEL: SAN ISIDRO V.020W

B/L NO.: HASL04NMD29AA06

MARKS & NUMBERS :

PACKAGE:

15 件

QUANTITY (S.T.W):

30.00

RENT DATE : **2017/5/26 18:23:35**

LOCATION OF STORAGE:

3501 GONGHEXIN ROAD, SHANGHAI

INSURANCE: **Cargo not insured by us.**

The goods above-mentioned are received and stored under our TERMS & CONDITIONS.

This warehouse receipt is only valid when duly signed.

Delivery will be made upon presentation of the duly endorsed original warehouse receipt in the office of Pacorini Toll Pte Ltd.

This Warehouse Receipt and any right in connection with it shall not be transferred, assigned or in any way disposed of without the prior written instruction from the order party to Pacorini Toll Pte Ltd.

Pacorini Toll Pte Ltd

Name:

Authorised Signature

Pacorini Toll Pte Ltd

Name:

Authorised Signature

返回

图 5 - 1 - 22　仓单样例

(9) 单击“库存汇总表”,查看物资是否被锁定。具体如图 5 - 1 - 23 所示。

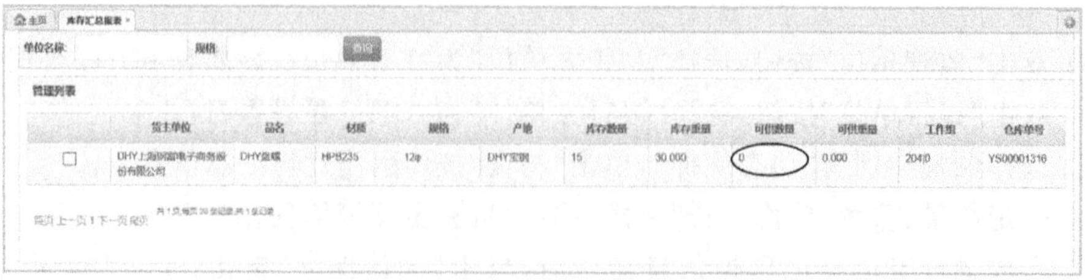

主页　库存汇总报表

单位名称:　规格:　查询

管理列表

	货主单位	品名	材质	规格	产地	库存数量	库存重量	可供数量	可供重量	工作组	仓库单号
□	DHY上海钢银电子商务股份有限公司	DHY盘螺	HPB235	12φ	DHY宝钢	15	30.000	0	0.000	2040	YS00001316

图 5 - 1 - 23　物资锁定状态

(五) 融资仓库审核(监管方)

1. 菜单

进入“单据审核”—“融资仓库审核”界面。

2. 功能描述

可以进行融资仓库的审核操作。

3. 操作

(9) 单击"审核"按钮,确定审核,界面如图 5-1-24 所示。

图 5-1-24　融资仓库审核界面

(六) 融资银行审核

1. 菜单

进入"单据审核"—"融资银行审核"界面。

2. 功能描述

可以进行融资银行的审核操作。

3. 操作

单击"审核"按钮,确定审核,界面如图 5-1-25 所示。

图 5-1-25　融资银行审核界面

(七) 融资补款登记(融资方)

1. 菜单

进入"单据登记"—"融资补款登记"界面。

2. 功能描述

可以进行融资补款的登记操作。

3. 界面

融资补款登记界面如图 5 - 1 - 26 所示。

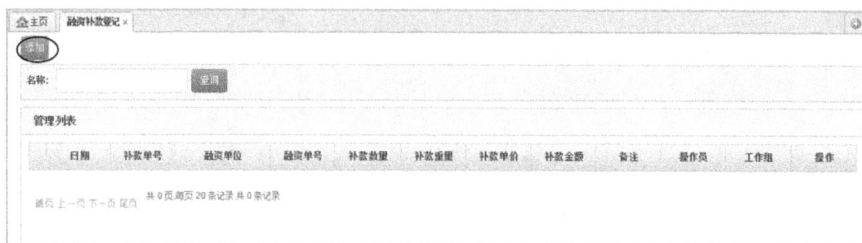

图 5 - 1 - 26　融资补款登记界面

4. 操作

单击"添加"按钮新增融资补款登记单据,界面如图 5 - 1 - 27 所示。

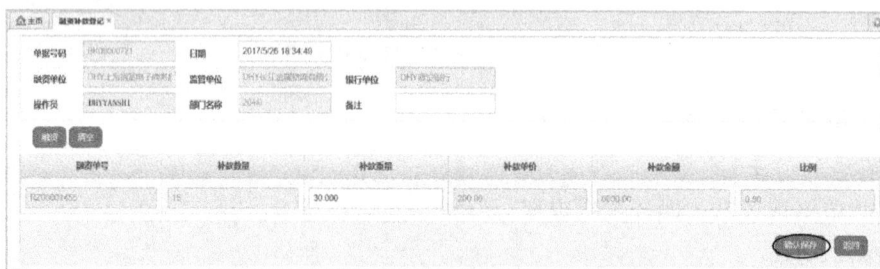

图 5 - 1 - 27　新增融资补款登记界面

(1) 双击"融资单位"按钮,选择"单位"为"DHY上海钢富电子商务有限公司"。

(2) 单击"融资"按钮,选择融资申请单据信息。

(3) 确定补款重量信息。

(4) 完成融资补款登记单据信息输入后,单击"确认保存"按钮,保存融资补款登记单据。

(八) 补款仓库审核(监管方)

1. 菜单

进入"单据审核"—"补款仓库审核"界面。

2. 功能描述

可以进行补款仓库的审核操作。

3. 操作

单击"审核"按钮,确定审核,界面如图 5 - 1 - 28 所示。

图 5 - 1 - 28　补款仓库审核界面

（九）补款银行审核

1.菜单

进入"单据审核"—"补款银行审核"界面。

2.功能描述

可以进行补款银行的审核操作。

3.操作

单击"审核"按钮,确定进行审核,界面如图5-1-29所示。

图5-1-29 补款银行审核界面

（十）融资还款登记（融资方）

1.菜单

进入"单据登记"—"融资还款登记"界面。

2.功能描述

可以进行融资还款的登记操作。

3.界面

融资还款登记界面如图5-1-30所示。

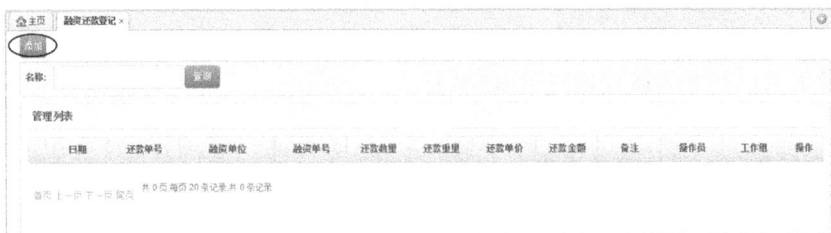

图5-1-30 融资还款登记界面

4.操作

单击"添加"按钮新增融资还款单据,界面如5-1-31所示。

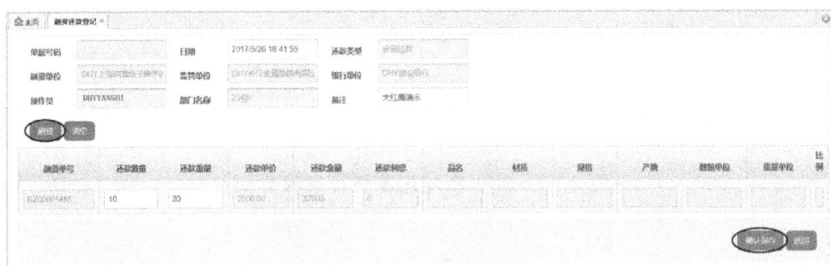

图5-1-31 新增融资还款登记界面

（1）双击"融资单位"按钮，选择"单位"为"DHY上海钢富电子商务有限公司"。

（2）单击"融资"按钮，选择物资明细信息。

（3）确定还款数量、还款重量等信息。

（4）完成融资还款登记单据信息输入后，单击"确认保存"按钮，保存融资还款登记单据。

（十一）还款仓库审核（监管方）

1. 菜单

进入"单据审核"—"还款仓库审核"界面。

2. 功能描述

可以进行还款仓库的审核操作。

3. 操作

单击"审核"按钮，确定审核，界面如图5-1-32所示。

图5-1-32　还款仓库审核界面

（十二）还款银行审核（银行）

1. 菜单

进入"单据审核"—"还款银行审核"界面。

2. 功能描述

可以进行还款银行的审核操作。

3. 操作

单击"审核"按钮，确定进行审核，界面如图5-1-33所示。

图5-1-33　新增还款银行审核界面

(十三) 仓库出库登记(监管方)

1. 菜单

进入"单据登记"—"仓库出库登记"界面。

2. 功能描述

可以进行仓库出库的登记操作。

3. 操作

单击"添加"按钮新增仓库出库单据,界面如图5-1-34、图5-1-35所示。

图5-1-34　仓库出库登记界面

(1) 单击"库存"按钮,选择出库信息,此处选择出库两次看能否实现动态。

(2) 确定数量、重量信息。

(3) 完成仓库验收登记单据信息输入后,单击"确认保存"按钮,保存仓库验收登记单据。库存明细报表如图5-1-36所示。

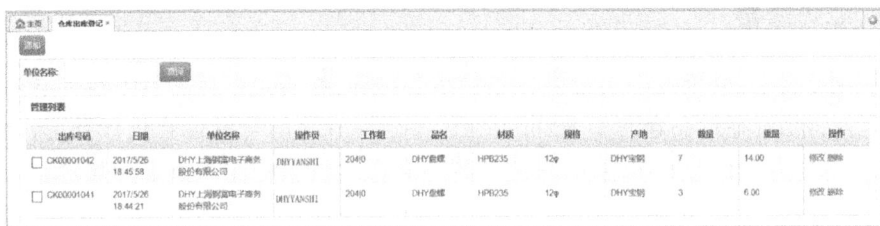

图5-1-35　仓库出库登记记录界面

单击"库存明细表"和"库存汇总表",查看剩余物资是否被锁定。具体如图5-1-37所示。

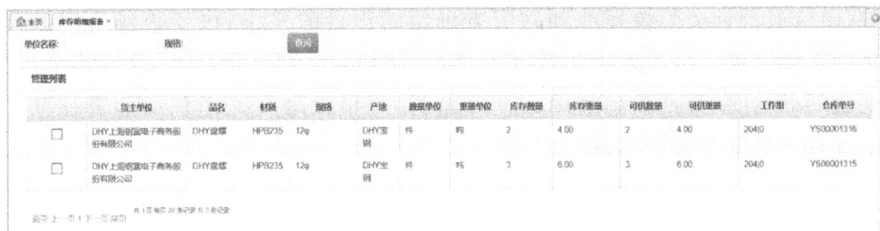

图5-1-36　库存明细表界面

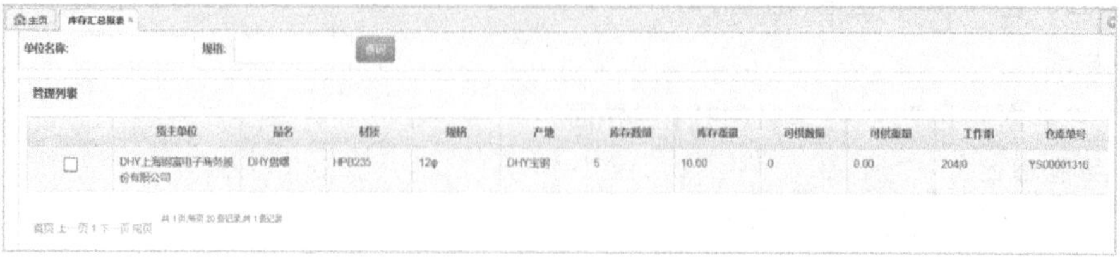

图 5-1-37 库存汇总表界面

第二节 大宗商品供应链仓单融资静态质押(融通仓)

一、实验目的

● 熟悉仓单融资静态质押业务的操作模式。

● 熟悉仓单融资静态质押业务过程中的银行授信登记、入库通知登记(融资方)、仓库验收登记(监管方)、融资申请登记(融资方)、融资仓库审核(监管方)、融资补款登记(融资方)、补款仓库审核(监管方)、补款仓库审核、融资逾期登记(监管方)、融资过户登记(监管方)、仓库出库登记(监管方)等具体的操作管理方法。

● 熟练掌握仓单融资静态质押业务的核心思想,理解课堂知识,掌握实践技能。

二、实验背景

由于业务需求,融资方向上游供应单位购买物资,物资出厂后融资方通知仓库(监管方)收货,并将物资存放在仓库中,融资方将需要仓库收货的物资信息进行登记;仓库(监管方)接到融资方单位的入库通知,在物资到达仓库后组织仓库人员进行物资验收,仓库方将物资验收的实际信息进行登记。

融资方单位由于目前公司资金紧张,遂将存放于监管方仓库的物资采用静态质押方式质押给银行,银行委托仓库单位进行物资监管,融资方将需要质押的相关信息进行登记,单据保存成功后,锁定融资方质押的仓库物资可供量;仓库(监管方)审核融资方单位的融资申请;银行方审核融资方单位的融资申请;银行方审核成功融资方单位的融资申请后,将贷款通过银行资金系统发放到融资方单位的银行账户中;由于市场价格波动,质押的物资单价在低于银行风险单价的情况下,银行通知融资方进行补款;融资方单位接到银行的补款通知,进行融资补款单登记;仓库(监管方)审核融资方单位的融资补款登记;银行方审核融资方单位的融资补款登记。

由于公司业务发展遭遇瓶颈,融资方公司逾期还款,仓库将物资过户,同时进行出库处理。

三、实验步骤

第1步:银行授信登记。

第2步：入库通知登记(融资方)。

第3步：仓库验收登记(监管方)。

第4步：融资申请登记(融资方)。

第5步：融资仓库审核(监管方)。

第6步：融资补款登记(融资方)。

第7步：补款仓库审核(监管方)。

第8步：补款仓库审核。

第9步：融资逾期登记(监管方)。

第10步：融资过户登记(监管方)。

第11步：仓库出库登记(监管方)。

四、数据范例

仓单融资静态质押数据范例如表5-2-1所示。

表5-2-1　仓单融资静态质押数据范例

融资单位	北京中钢网信息股份有限公司
监管单位	中部金属物流有限公司
银行名称	平安银行
相关信息	品名：螺纹钢 材质：HRB400E 规格：12×9 米 产地：柳钢 数量：5 重量：10.79 数量单位：件 重量单位：吨 单价：1800.00 元 金额：19422.00 元 融资类型：仓单融资 融资类别：静态融资
基础数据	大类：建材 品名：螺纹钢 材质：HRB400E 规格：12×9 米 产地：柳钢

五、实验要求

学生依据实验步骤进行仓单融资动态质押的自主练习操作。

学生在实验任务操作当中的每一个步骤，均需截图到实验报告当中，并对每个步骤进行解释说明。实验报告主要包含实验背景、实验任务、业务流程、操作过程(见实验报告模板）。业务流程要求画出该实验场景中的所有业务对应的流程图,操作过程要求对每步骤用语言描述对应的业务场景。

六、实验操作

（一）银行授信登记

1. 菜单

进入"单据登记"—"融资授信登记"界面。

2. 功能描述

银行对监管方进行金额授信。

3. 操作

单击"添加"按钮新增融资授信单据,界面如图 5-2-1 所示。

图 5-2-1　融资授信登记界面

（1）双击"监管单位"按钮,选择"监管单位"为"DHY 中部金属物流有限公司"。

（2）双击"银行单位"按钮,选择"银行单位"为"DHY 平安银行"。

（3）输入授信金额等信息。

（4）完成融资授信登记单据信息输入后,单击"确认保存"按钮,保存融资授信单据。

（二）入库通知登记(融资方)

1. 菜单

进入"单据登记"—"入库通知登记"界面。

2. 功能描述

可以进行物资入库的登记操作。

3. 界面

入库通知登记界面如图 5-2-2 所示。

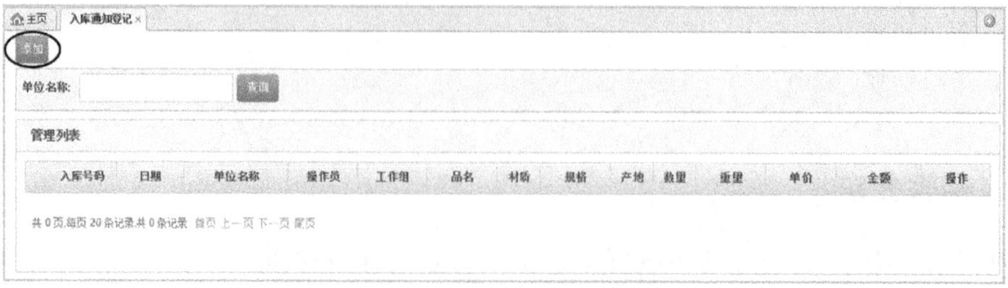

图 5-2-2　入库通知登记界面

4. 操作

单击"添加"按钮新增入库通知单据,界面如图 5-2-3 所示。

图 5-2-3 新增入库通知登记界面

(1) 双击"单位名称"按钮,选择"单位"为"DHY 北京中钢网信息股份有限公司"。

(2) 单击"物资"按钮,选择物资明细信息,输入数量：5 件；重量：10.79 吨；单价：1800.00元等信息。

(3) 完成入库通知登记单据信息输入后,单击"确认保存"按钮,保存入库通知登记单据。

(三) 仓库验收登记(监管方)

1. 菜单

进入"单据登记"—"仓库验收登记"界面。

2. 功能描述

可以进行仓库验收的登记操作。

3. 界面

融资申请登记界面如图 5-2-4 所示。

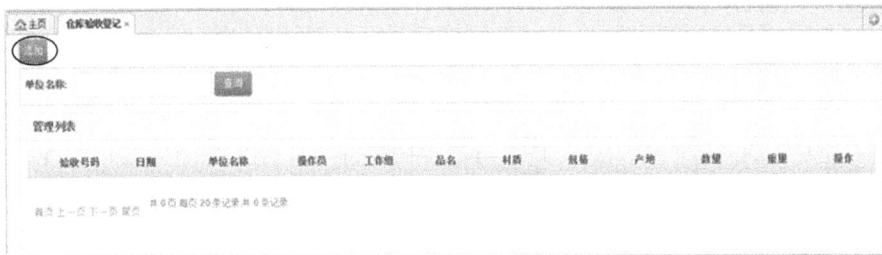

图 5-2-4 仓库验收登记界面

4. 操作

单击"添加"按钮新增仓库验收单据,界面如图 5-2-5 所示。

图 5-2-5 新增仓库验收登记界面

（1）单击"通知"按钮，选择入库通知单据信息。

（2）确定数量、重量信息。

（3）完成仓库验收登记单据信息输入后，单击"确认保存"按钮，保存仓库验收登记单据。

（四）融资申请登记（融资方）

1. 菜单

进入"单据登记"—"融资申请登记"界面。

2. 功能描述

可以进行融资申请的登记操作。

3. 界面

融资申请登记界面如图 5 - 2 - 6 所示。

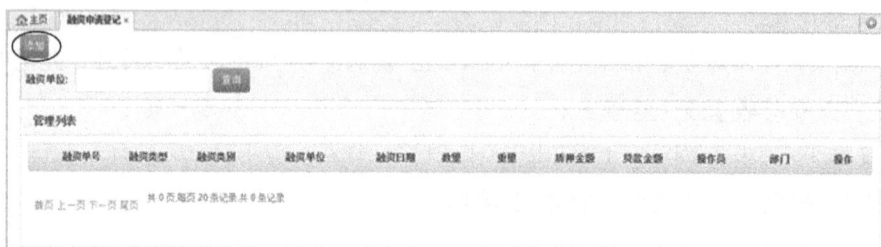

图 5 - 2 - 6　融资申请登记界面

4. 操作

单击"添加"按钮新增融资申请单据，界面如图 5 - 2 - 7 所示。

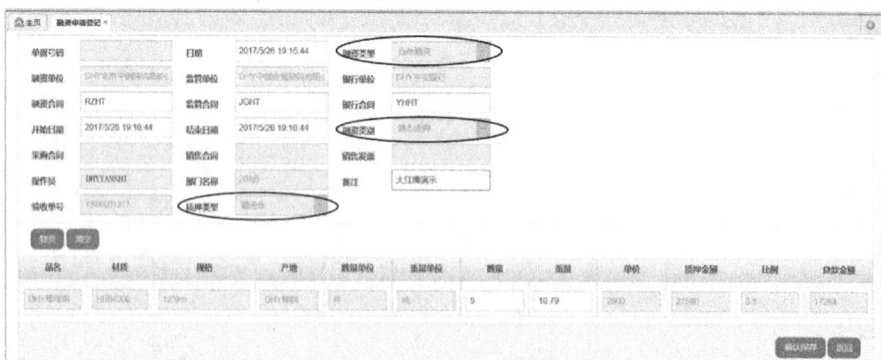

图 5 - 2 - 7　新增融资申请登记界面

（1）确定"融资类型"为仓单融资。

（2）双击"融资单位"按钮，选择"融资单位"为"DHY 北京中钢网信息股份有限公司"。

（3）双击"监管单位"按钮，选择"监管单位"为"DHY 中部金属物流有限公司"。

（4）双击"银行单位"按钮，选择"银行单位"为"DHY 平安银行"。

（5）当选择"质押类型"为"正常"时，即是默认的仓单质押流程；当选择"质押类型"为"融通仓"时，流程为在仓单质押的基础上，银行方增加授信登记步骤，去掉银行方的融资单审核步骤;当选择"质押类型"为"保兑仓"时,流程为在订单融资的基础上,仓库增加融资过户登记步骤,去掉融资方还款步骤。

(6) 选择融资类别为"静态质押"时,单击"物资"按钮引用货物明细信息。

(7) 确定数量、重量、单价、质押金额、比例、贷款金额等信息。

(8) 完成融资申请登记单据信息输入后,单击"确认保存"按钮,保存融资申请登记单据。

(五) 融资仓库审核(监管方)

1. 菜单

进入"单据审核"—"融资仓库审核"界面。

2. 功能描述

可以进行融资仓库的审核操作。

3. 界面

融资仓库审核界面如图 5-2-8 所示。

4. 操作

单击"审核"按钮,确定进行审核。

图 5-2-8 融资仓库审核界面

(六) 融资补款登记(融资方)

1. 菜单

进入"单据登记"—"融资补款登记"界面。

2. 功能描述

可以进行融资补款的登记操作。

3. 界面

融资补款登记界面如图 5-2-9 所示。

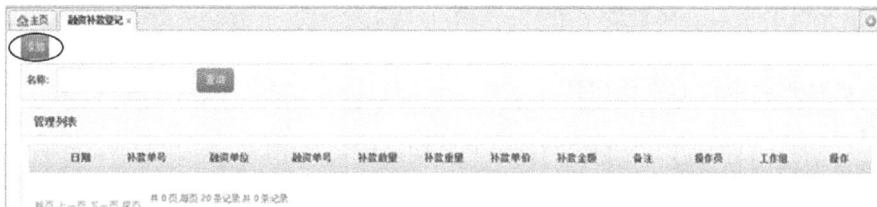

图 5-2-9 融资补款登记界面

4. 操作

单击"添加"按钮新增融资补款登记单据,界面如图 5-2-10 所示。

图 5-2-10　新增融资补款登记界面

(1) 双击"融资单位"按钮,选择"单位"为"DHY 北京中钢网信息股份有限公司"。

(2) 单击"融资"按钮,选择融资申请单据信息,确定补款重量等信息。

(3) 完成融资补款登记单据信息输入后,单击"确认保存"按钮,保存融资补款登记单据。

(七) 补款仓库审核(监管方)

1. 菜单

进入"单据审核"—"补款仓库审核"界面。

2. 功能描述

可以进行补款仓库的审核操作。

3. 操作

单击"审核"按钮,确定进入审核,界面如图 5-2-11 所示。

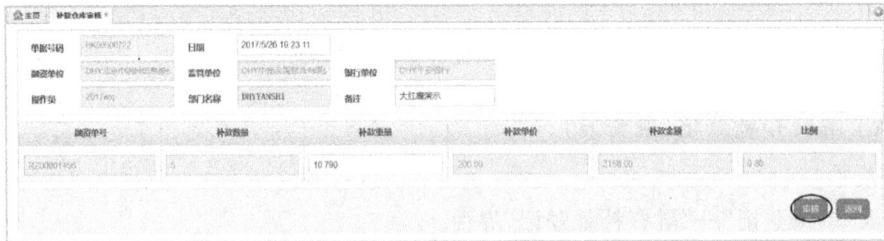

图 5-2-11　补款仓库审核界面

(八) 补款银行审核

1. 菜单

进入"单据审核"—"补款银行审核"界面。

2. 功能描述

可以进行补款银行的审核操作。

3. 场景

融资单类型等于正常。

4. 操作

单击"审核"按钮,确定进行审核,界面如图 5-2-12 所示。

图 5-2-12　补款银行审核界面

(九) 融资逾期登记(监管方)

1. 菜单

进入"单据审核"—"融资逾期登记"界面。

2. 功能描述

可以进行对融资单位的逾期操作。

3. 场景

融资单类型等于融通仓。

4. 界面

融资逾期登记界面如图 5-2-13 所示。

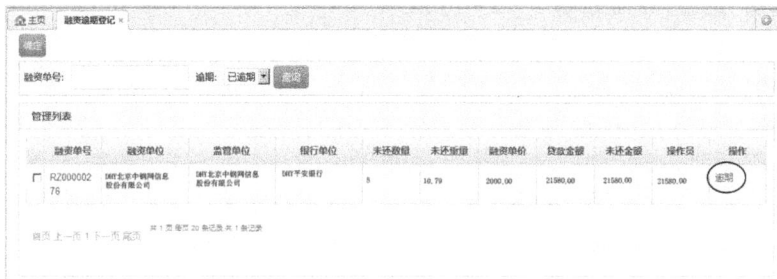

图 5-2-13　融资逾期登记界面

4. 操作

单击"逾期"按钮,确定逾期,界面如图 5-2-14 所示。

图 5-2-14　新增融资逾期登记界面

(十) 融资过户登记(监管方)

1. 菜单

进入"单据登记"—"融资过户登记"界面。

2. 功能描述

可以对已逾期的融资单位的货物进行过户操作。

3. 场景

融资单类型等于保兑仓和融通仓。

4. 界面

融资过户登记界面。如图 5-2-15 所示。

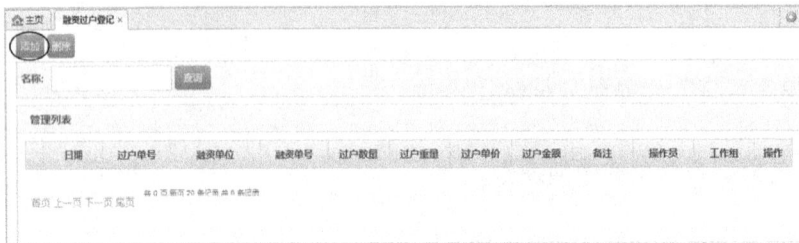

图 5-2-15 融资过户登记界面

5. 操作

单击"添加"按钮,界面如图 5-2-16 所示。

图 5-2-16 新增融资过户登记界面

(1)单击"融资单位"按钮,选择"融资单位"为"DHY 北京中钢网信息股份有限公司"。

(2)单击"过户"按钮,选择过户单位信息。

(3)完成过户登记单据信息输入后,单击"确认保存"按钮,保存融资过户登记单据。

(4)单击"查看"按钮,可对单融资过户单进行查看。

(十一) 仓库出库登记(监管方)

1. 菜单

进入"单据登记"—"仓库出库登记"界面。

2. 功能描述

可以进行仓库出库的登记操作。

3. 场景

融资单类型等于正常和融通仓。

4．界面

仓库出库登记界面如图 5－2－17 所示。

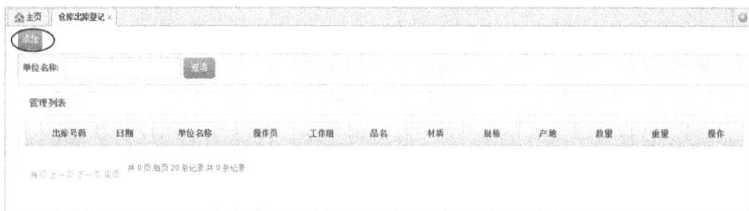

图 5－2－17　仓库出库登记界面

5．操作

单击"添加"按钮新增仓库出库单据，界面如图 5－2－18 所示。

图 5－2－18　新增仓库出库登记界面

（1）单击"库存"按钮，选择出库通知单据信息，确定数量、重量信息。

（2）完成仓库验收登记单据信息输入后，单击"确认保存"按钮，保存仓库验收登记单据。

第三节　大宗商品供应链订单融资（保兑仓）

一、实验目的

● 熟悉订单融资业务的操作模式。

● 熟悉订单融资业务过程中的采购合同登记（融资方）、融资申请登记（融资方）、融资仓库审核（监管方）、融资银行审核、入库通知登记（融资方）、入库验收登记（监管方）、融资逾期登记（银行）、融资过户登记（监管方）、仓库出库登记（监管方）等具体的操作管理方法。

● 熟练掌握订单融资业务的核心思想，理解课堂知识，掌握实践技能。

二、实验背景

由于业务需求，融资方向上游供应单位购买物资，与供应单位签订采购合同后，由于当前公司资金紧张，无法支付全部货款，遂向银行提出融资申请。

融资方将上游供应单位的采购合同信息进行登记，融资方将需要融资的相关信息进行登记；仓库（监管方）审核融资方单位的融资申请；银行方审核融资方单位的融资申请；银行方审核成功融资方单位的融资申请后，将贷款通过银行资金系统发放到融资方的供方单位银行账户中;融资方收到银行贷款后,将款项支付给供方单位,供方单位待货款收到后,组织发货;物资出厂后融资方通知仓库(监管方)收货,并将物资存放在仓库中,融资方根据采购合同将需要仓库收货的物资信息进行登记;仓库(监管方)接到融资方单位的入库通知,在物资到达仓库后组织仓库人员进行物资验收,仓库方将物资验收的实际信息进行登记,登记完成后,仓库物资自动成锁定状态。

由于公司业务发展遭遇瓶颈,融资方公司逾期还款,仓库将物资过户,同时进行出库处理。

三、实验步骤

第1步:采购合同登记(融资方)。

第2步:融资申请登记(融资方)。

第3步:融资仓库审核(监管方)。

第4步:融资银行审核。

第5步:入库通知登记(融资方)。

第6步:入库验收登记(监管方)。

第7步:融资逾期登记(银行)。

第8步:融资过户登记(监管方)。

第9步:仓库出库登记(监管方)。

四、数据范例

订单融资保兑仓数据范例如表5-3-1所示。

表5-3-1　订单融资保兑仓数据范例

融资单位	上海钢银电子商务股份有限公司
监管单位	上海欧浦钢铁物流有限公司
银行名称	工商银行
过户单位	上海钢富电子商务股份有限公司
相关信息	品名:盘圆 材质:HPB235 规格:10Φ 产地:宝钢 数量:2 重量:5 数量单位:件 重量单位:吨 单价:1800.00元 金额:9000.00元 融资类型:订单融资
基础数据	大类:建材 品名:盘圆 材质:HPB235 规格:10Φ 产地:宝钢

五、实验要求

学生依据实验步骤进行订单融资的自主练习操作。

学生在实验任务操作当中的每一个步骤，均需截图到实验报告当中，并对每个步骤进行解释说明。实验报告主要包含实验背景、实验任务、业务流程、操作过程（见实验报告模板）。业务流程要求画出该实验场景中的所有业务对应的流程图，操作过程要求对每步骤用语言描述对应的业务场景。

六、实验操作

（一）采购合同登记（融资方）

1. 菜单

进入"单据登记"—"采购合同登记"界面。

2. 功能描述

可以进行物资采购合同的登记操作。

3. 界面

采购合同登记界面如图 5-3-1 所示。

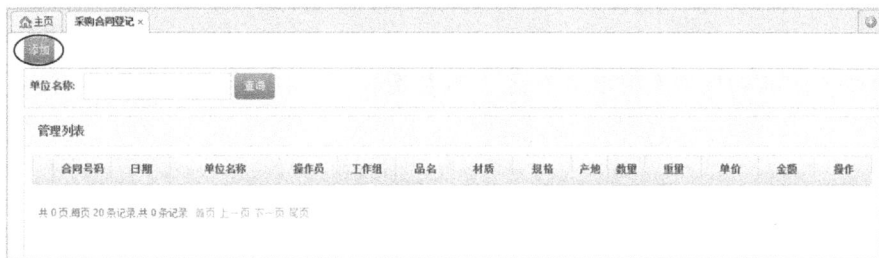

图 5-3-1　采购合同登记界面

4. 操作

单击"添加"按钮新增采购合同单据，界面如图 5-3-2 所示。

图 5-3-2　新增采购合同登记界面

（1）双击"单位名称"按钮，选择"单位名称"为"DHY上海钢银电子商务股份有限公司"。

（2）单击"物资"按钮，选择物资明细信息，完善数量、重量、单价等信息。

（3）完成采购合同登记单据信息输入后，单击"确认保存"按钮，保存采购合同登记单据。

(二) 融资申请登记(融资方)

1. 菜单

进入"单据登记"—"融资申请登记"界面。

2. 功能描述

可以进行融资申请的登记操作。

3. 界面

融资申请登记界面如图 5-3-3 所示。

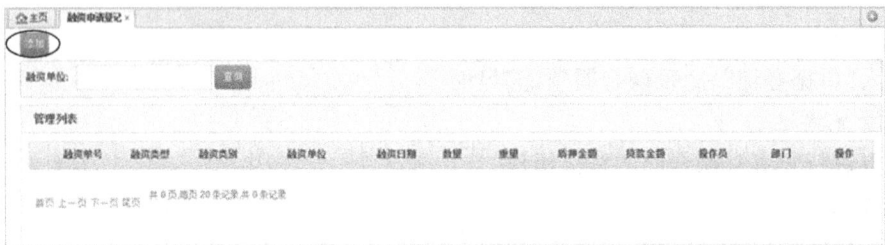

图 5-3-3　融资申请登记界面

4. 操作

单击"添加"按钮新增融资申请单据，界面如图 5-3-4 所示。

图 5-3-4　新增融资申请登记界面

（1）确定"融资类型"为"订单融资"；"融资类别"为"静态质押"；"质押类型"为"保兑仓"。

（2）双击"融资单位"按钮，选择"融资单位"为"DHY 上海钢银电子商务股份有限公司"。

（3）双击"监管单位"按钮，选择"监管单位"为"DHY 上海欧浦钢铁物流有限公司"。

（4）双击"银行单位"按钮，选择"银行单位"为"DHY 工商银行"。

（5）单击"物资"按钮，选择采购合同登记信息，确认单价、比例等信息。

（6）完成融资申请登记单据信息输入后，单击"确认保存"按钮，保存融资申请登记单据。

(三) 融资仓库审核(监管方)

1. 菜单

进入"单据审核"—"融资仓库审核"界面。

2. 功能描述

可以进行融资仓库的审核操作。

3. 界面

融资仓库审核界面如图 5-3-5 所示。

图 5-3-5 融资仓库审核界面

4. 操作

单击"审核"按钮,确定进行审核,界面如图 5-3-6 所示。

图 5-3-6 融资仓库审核界面

(四) 融资银行审核

1. 菜单

进入"单据审核"—"融资银行审核"界面。

2. 功能描述

可以进行融资银行的审核操作。

3. 场景

融资单类型等于正常和保兑仓。

4. 界面

融资银行审核界面如图 5 - 3 - 7 所示。

图 5 - 3 - 7　融资银行审核界面

5. 操作

单击"审核"按钮，确定进行审核，界面如图 5 - 3 - 8 所示。

图 5 - 3 - 8　融资银行审核操作界面

查看库存明细报表以及库存汇总报表，看物资数量是否符合仓单质押的要求，界面如图 5 - 3 - 9、图 5 - 3 - 10 所示。

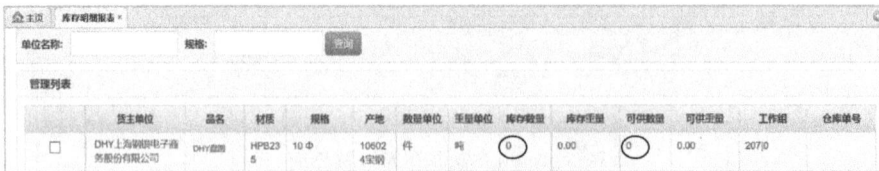

图 5 - 3 - 9　库存明细报表

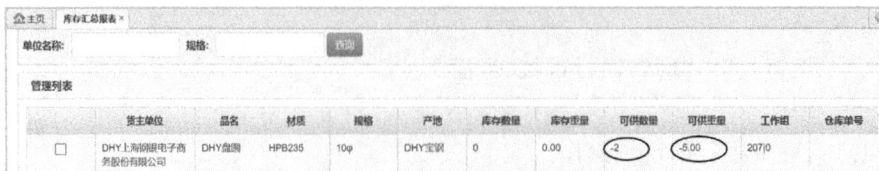

图 5 - 3 - 10　库存汇总报表

（五）入库通知登记（融资方）

1. 菜单

进入"单据登记"—"入库通知登记"界面。

2. 功能描述

可以进行物资入库的登记操作。

3. 界面

入库通知登记界面如图 5－3－11 所示。

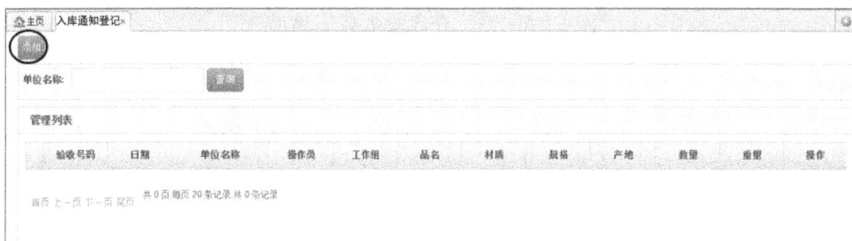

图 5－3－11　入库通知登记界面

4. 操作

单击"添加"按钮新增入库通知单据，界面如图 5－3－12 所示。

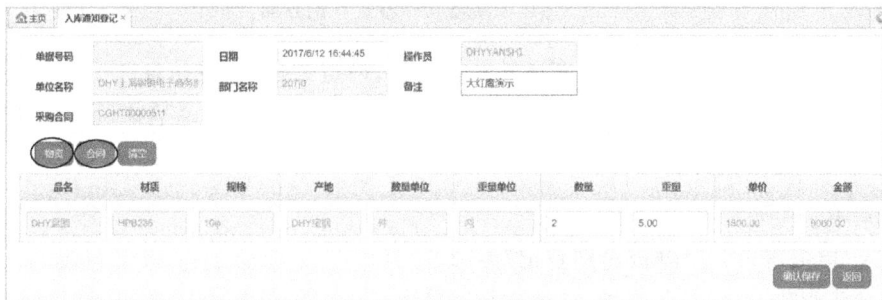

图 5－3－12　新增入库通知登记界面

（1）双击"单位名称"按钮，选择"单位"为"DHY 上海钢银电子商务股份有限公司"。

（2）单击"物资"按钮，选择物资信息，完善数量、重量、单价等信息。

（3）单击"合同"按钮，引入采购合同。

（4）完成入库通知登记单据信息输入后，单击"确认保存"按钮，保存入库通知登记单据。

（六）仓库验收登记（监管方）

1. 菜单

进入"单据登记"—"仓库验收登记"界面。

2. 功能描述

可以进行仓库验收的登记操作。

3. 界面

仓库验收登记界面如图 5 - 3 - 13 所示。

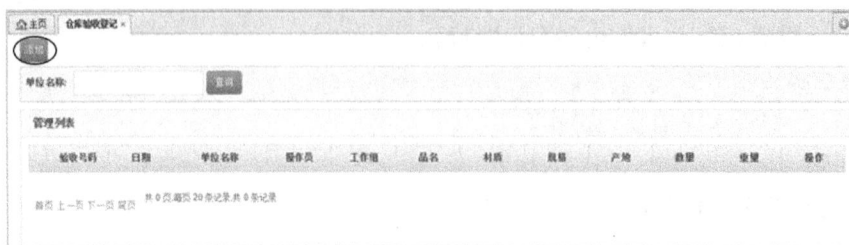

图 5 - 3 - 13 仓库验收登记界面

4. 操作

单击"添加"按钮新增仓库验收单据,界面如图 5 - 3 - 14 所示。

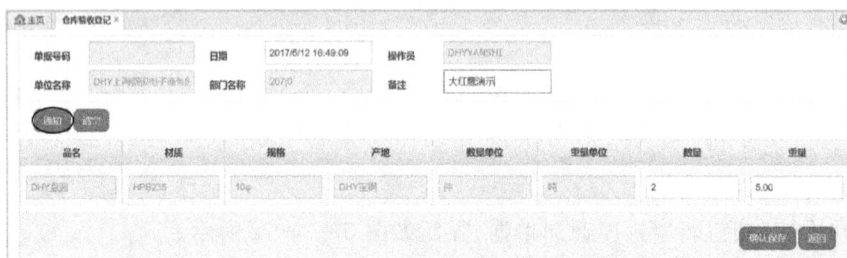

图 5 - 3 - 14 新增仓库验收登记界面

(1) 单击"通知"按钮,选择入库通知单据信息,确定数量、重量信息。

(2) 完成仓库验收登记单据信息输入后,单击"确认保存"按钮,保存仓库验收登记单据。

(七) 融资逾期登记(银行)

1. 菜单

进入"单据审核"—"融资逾期登记"界面。

2. 功能描述

可以进行对融资单位的逾期操作。

3. 场景

融资单类型等于保兑仓。

4. 界面

融资逾期登记界面如图 5 - 3 - 15 所示。

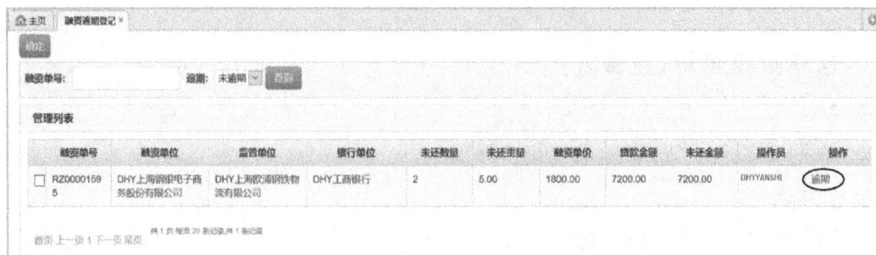

图 5 - 3 - 15 融资逾期登记界面

5.操作

单击"逾期"按钮,确定逾期,界面如图 5-3-16 所示。

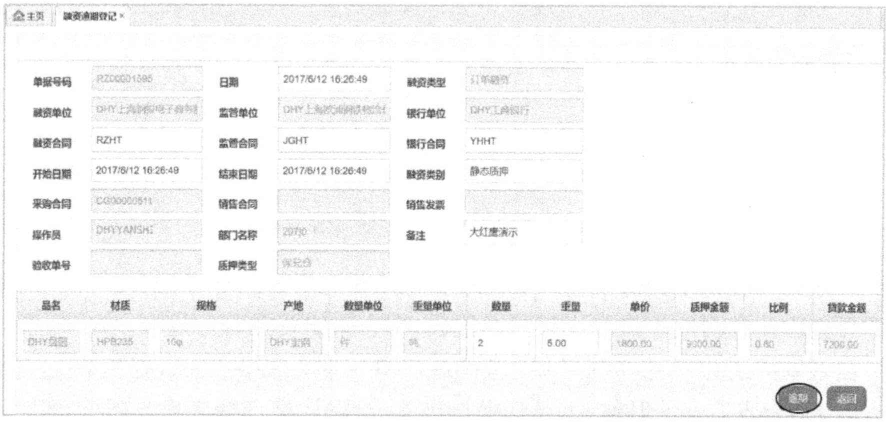

图 5-3-16 融资逾期登记操作界面

(八) 融资过户登记(监管方)

1. 菜单

进入"单据登记"—"融资过户登记"界面。

2. 功能描述

可以进行对已逾期的融资单位进行过户操作。

3. 场景

融资单类型等于保兑仓。

4. 界面

融资过户登记界面如图 5-3-17 所示。

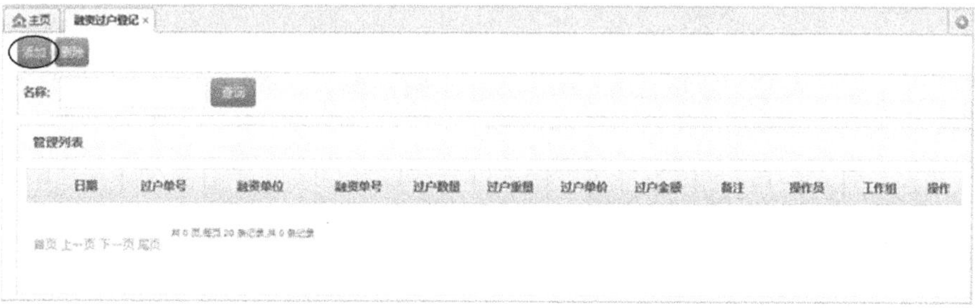

图 5-3-17 融资过户登记界面

5. 操作

单击"添加"按钮,界面如图 5-3-18 所示。

(1) 选择"融资类型"为"订单融资"。

(2) 单击"融资单位"按钮,选择"融资单位"为"DHY 上海钢银电子商务股份有限公司"。

(3) 单击"过户"按钮,选择过户物资信息。

(4) 选择"过户单位"为"DHY 上海钢富电子商务股份有限公司"。

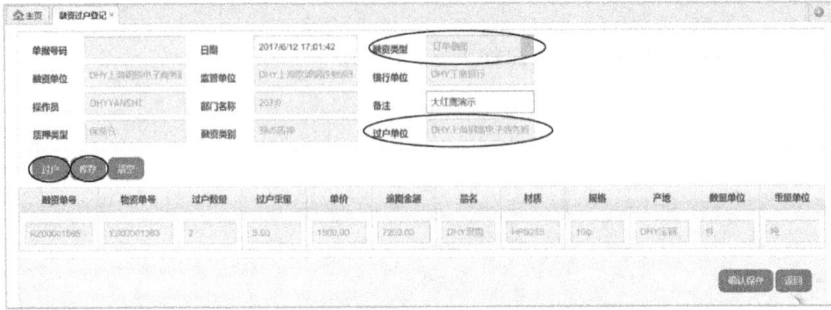

图 5 - 3 - 18　融资过户登记操作界面

（5）完成过户登记单据信息输入后，单击"确认保存"按钮，保存融资过户登记单据。

（6）可查看库存明细报表和库存汇总报表，看仓库物资是否已过户。

注：当融资类别为保兑仓的时候，选择过户单位即上游供应商，把货物过户给供货方；当融资类别为融通仓的时候，无须选择过户单位，默认过户给监管方，即仓库。

（九）仓库出库登记（监管方）

1. 菜单

进入"单据登记"—"仓库出库登记"界面。

2. 功能描述

可以进行仓库出库的登记操作。

3. 场景

融资单类型等于正常和保兑仓。

4. 界面

仓库出库登记界面如图 5 - 3 - 19 所示。

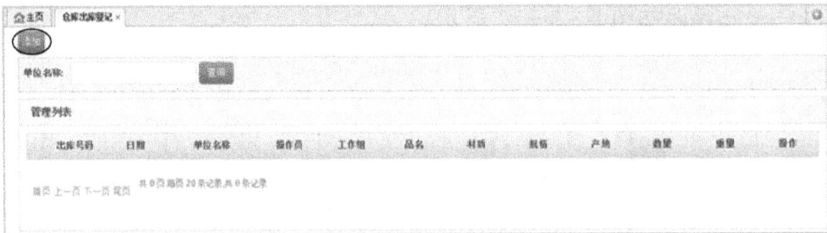

图 5 - 3 - 19　仓库出库登记界面

5. 操作

单击"添加"按钮新增仓库出库单据，界面如图 5 - 3 - 20 所示。

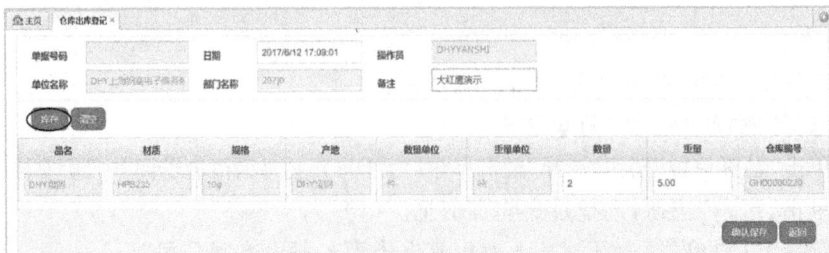

图 5 - 3 - 20　新增仓库出库登记界面

（7）双击"单位名称"，选择"出库单位"为"DHY上海钢富电子商务股份有限公司"。

（8）单击"库存"按钮，选择相关物资信息，确定数量、重量信息。

（9）完成仓库出库登记单据信息输入后，单击"确认保存"按钮，保存仓库出库登记单据。

第四节　大宗商品供应链应收账款融资

一、实验目的

● 熟悉应收账款融资业务的操作模式。

● 熟悉应收账款融资业务过程中的销售合同登记（融资方）、销售发票登记（融资方）、融资申请登记（融资方）、融资仓库审核（下游客户）、融资银行审核（银行方）、融资还款登记（监管方）、还款银行审核（银行）等具体的操作管理方法。

● 熟练掌握应收账款融资业务的核心思想，理解课堂知识，掌握实践技能。

二、实验背景

由于业务需求，融资方与下游客户是长期的贸易合作关系，但下游客户的应收账款结算周期比较长，形成融资方大量的资金占用，遂融资方根据下游客户的应收账款向银行提出融资申请；融资方根据与下游客户签订的销售合同，进行销售合同单据登记；融资方根据开具给下游客户的销售发票，进行销售发票单据登记，填入发票信息；融资方将需要融资的相关信息进行登记，客户单位审核融资方单位的融资申请；银行方审核融资方单位的融资申请；银行方审核成功融资方单位的融资申请后，将贷款通过银行资金系统发放到融资方的银行账户中，并通知客户单位将应收账款打到银行指定的账户中；下游客户单位到达应收账款结算周期，遂向银行进行还款，下游客户单位将还款信息进行登记，关联融资申请信息，填入还款金额，并将还款的金额通过银行资金系统转到银行指定的账号上；银行方在系统中审核客户单位的融资还款单据。

三、实验步骤

第1步：销售合同登记（融资方）。

第2步：销售发票登记（融资方）。

第3步：融资申请登记（融资方）。

第4步：融资仓库审核（下游客户）。

第5步：融资银行审核。

第6步：融资还款登记（监管方）。

第7步：还款银行审核。

四、数据范例

应收账款融资数据范例如表5-4-1所示。

表 5-4-1　应收账款融资数据范例

融资单位	天津宝仓物流有限公司
客户单位	上海宝闽钢铁集团有限公司
银行名称	农业银行
相关信息	品名：螺纹钢 材质：HRB400E 规格：18×9 米 产地：宝钢 数量：8 重量：17.26 数量单位：件 重量单位：吨 单价：200000.00 元 金额：3452800.00 元 融资类型：应收账款融资
基础数据	大类：建材 品名：螺纹钢 材质：HRB400E 规格：18×9 米 产地：宝钢

五、实验要求

学生依据实验步骤进行应收账款融资的自主练习操作。

学生在实验任务操作当中的每一个步骤,均需截图到实验报告当中,并对每个步骤进行解释说明。实验报告主要包含实验背景、实验任务、业务流程、操作过程(见实验报告模板)。业务流程要求画出该实验场景中的所有业务对应的流程图,操作过程要求对每步骤用语言描述对应的业务场景。

六、实验操作

(一) 销售合同登记(融资方)

1. 菜单

进入"单据登记"—"销售合同登记"界面。

2. 功能描述

可以进行物资销售合同的登记操作。

3. 界面

销售合同登记界面如图 5-4-1 所示。

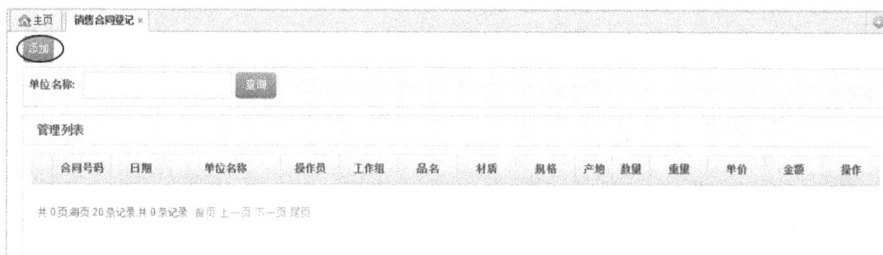

图 5-4-1 销售合同登记界面

4．操作

单击"添加"按钮新增销售合同单据，界面如图 5-4-2 所示。

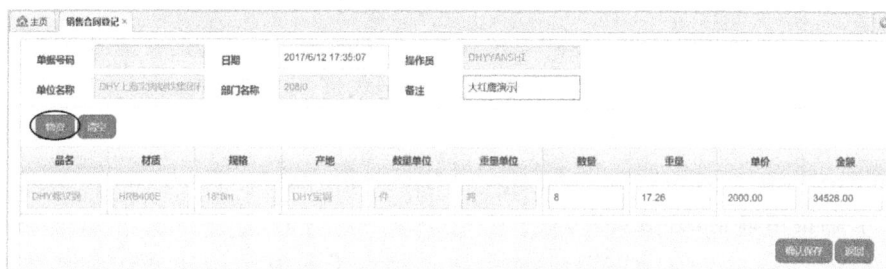

图 5-4-2 新增销售合同登记界面

（1）双击"单位名称"按钮，选择"单位名称"为"DHY上海宝闽钢铁集团有限公司"。

（2）单击"物资"按钮，选择物资明细信息，输入数量、重量、单价等信息。

（3）完成销售合同登记单据信息输入后，单击"确认保存"按钮，保存销售合同登记单据。

（二）销售发票登记（融资方）

1．菜单

进入"单据登记"—"销售发票登记"界面。

2．功能描述

可以进行物资销售发票的登记操作。

3．界面

销售发票登记界面如图 5-4-3 所示。

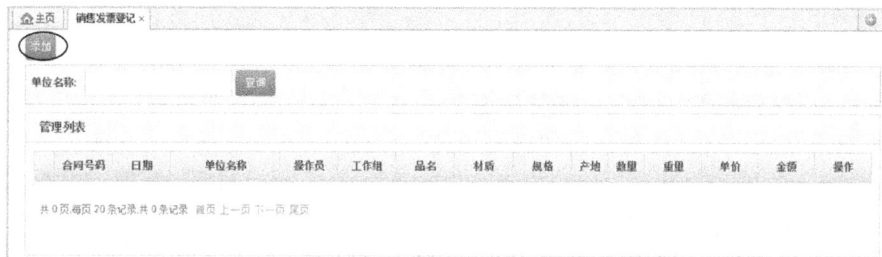

图 5-4-3 销售发票登记界面

4. 操作

单击"添加"按钮新增销售发票单据,界面如图 5 - 4 - 4 所示。

图 5 - 4 - 4　新增销售发票登记界面

（1）双击"单位名称"按钮,选择"单位名称"为"DHY 上海宝闽钢铁集团有限公司"。

（2）单击"物资"按钮,选择物资明细信息,确定数量、重量等信息。

（3）完成销售发票登记单据信息输入后,单击"确认保存"按钮,保存销售发票登记单据。

（三）融资申请登记（融资方）

1. 菜单

进入"单据登记"—"融资申请登记"界面。

2. 功能描述

可以进行融资申请的登记操作。

3. 界面

融资申请登记界面如图 5 - 4 - 5 所示。

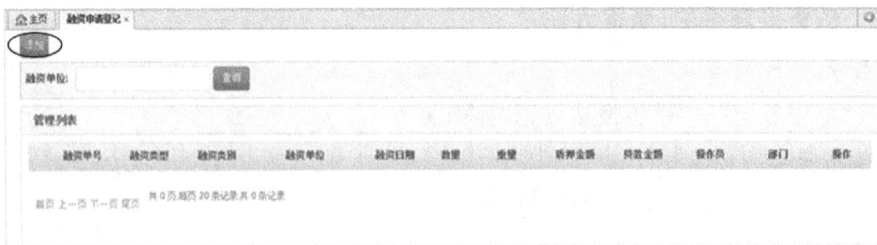

图 5 - 4 - 5　融资申请登记界面

4. 操作

单击"添加"按钮新增融资申请单据,界面如图 5 - 4 - 6 所示。

（1）确定"融资类型"为"应收账款融资"。

（2）双击"融资单位"按钮,选择"融资单位"为"DHY 天津宝仓物流有限公司"。

（3）双击"客户单位"按钮,选择"客户单位"为"DHY 上海宝闽钢铁集团有限公司"。

（4）双击"银行单位"按钮,选择"银行单位"为"DHY 农业银行"。

（5）单击"物资"按钮,选择销售发票登记信息,确定单价、比例等信息。

图 5-4-6 新增融资申请登记界面

（6）完成融资申请登记单据信息输入后，单击"确认保存"按钮，保存融资申请登记单据。

注：注意此时的客户单位是下游的发票单位。

（四）融资仓库审核（下游客户）

1. 菜单

进入"单据审核"—"融资仓库审核"界面。

2. 功能描述

可以进行融资仓库的审核操作。

3. 界面

融资仓库审核界面如图 5-4-7 所示。

图 5-4-7 融资仓库审核界面

4. 操作

（1）单击"审核"按钮，确定进行审核，界面如图 5-4-8 所示。

图 5-4-8　融资仓库审核确认界面

（2）输入查询条件、审核状态后，单击"查询"后，页面数据根据查询条件过滤并分页显示。

（五）融资银行审核

1. 菜单

进入"单据审核"—"融资银行审核"界面。

2. 功能描述

可以进行融资银行的审核操作。

3. 界面

融资银行审核界面如图 5-4-9 所示。

图 5-4-9　融资银行审核界面

4. 操作

单击"审核"按钮，确定进行审核，界面如图 5-4-10 所示。

图 5-4-10　融资银行审核确认界面

（六）融资还款登记（监管方）

1. 菜单

进入"单据登记"—"融资还款登记"界面。

2. 功能描述

可以进行融资还款的登记操作。

3. 界面

融资还款登记如图 5-4-11 所示。

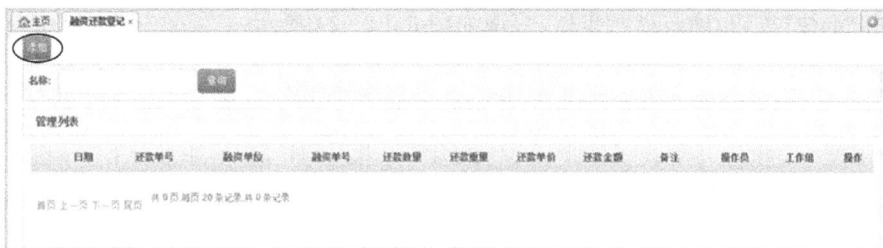

图 5-4-11　融资还款登记界面

4. 操作

单击"添加"按钮新增融资还款单据，界面如下图 5-4-12 所示。

图 5-4-12　新增融资还款登记界面

（1）双击"融资单位"按钮，选择"融资单位"为"DHY 天津宝仓物流有限公司"。

（2）单击"融资"按钮，选择物资明细信息，确定还款数量、还款重量等信息。

（3）完成融资还款登记单据信息输入后，单击"确认保存"按钮，保存融资还款登记单据。

（七）还款银行审核

1. 菜单

进入"单据审核"—"还款银行审核"界面。

2. 功能描述

可以进行还款银行的审核操作。

3. 界面

还款银行审核界面如图 5-4-13 所示。

图 5 - 4 - 13　还款银行审核界面

4. 操作

单击"审核"按钮,确定进行审核,界面如图 5 - 4 - 14 所示。

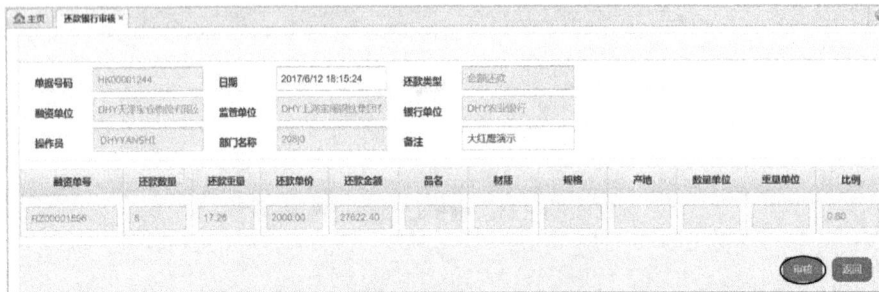

图 5 - 4 - 14　还款银行审核确认界面